공공기관에
날개를 달자

공공기관에 날개를 달자

김용진 지음

KMAC

대한민국에
큰 날개를 다는 '나래'

김동연(제4대 부총리 겸 기획재정부 장관)

김용진 전 기획재정부 차관은 저의 오랜 동료입니다. 30년 넘게 공직생활을 함께하며 뜻을 같이하고, 서로 힘이 되어준 길동무이자 도반道伴 같은 친구입니다. 문재인 정부 초대 경제부총리로 지명되어 함께 일할 차관을 추천할 기회가 주어지자 저는 주저하지 않고 당시 한국동서발전 김용진 사장을 추천했습니다. 당시 유럽 어느 국가에 출장 중이던 김 사장에게 전화해서 함께 일하자고 권유했던 기억이 지금도 생생합니다.

공직생활을 하며 늘 가슴속에 가지고 있던 질문이 하나

있었습니다. "나는 왜 공직을 하는가?" 답을 찾기 어려운 질문이었습니다. 거창한 이야기는 너무 현실성이 떨어지고, 현실적인 이야기는 너무 세속적이었습니다. 그래서 오랜 시간 고민했습니다. 공직생활을 시작하고 10여 년도 더 지나서 찾은 답은 '사회변화에 대한 기여'였습니다. 작더라도 제 위치에서 우리 사회를 바꾸는 데 기여하고 싶었습니다. 그러기 위해서는 사회의 앞날에 대한 제 나름의 철학과 비전이 있어야 하고, 이를 뒷받침하는 실력과 실천에 옮길 용기가 필요합니다.

누구나 자신에게 질문을 던지곤 합니다. 그러나 이 질문에는 정답이 아닌 '자기 답'이 있을 뿐입니다. 그 답을 찾으면 자기다움과 자기중심이 생깁니다. 김 차관이 저와 비슷한 질문을 했다면, 그는 이미 답을 찾은 사람입니다. 바로 국가운영 시스템의 개혁입니다. 김 차관은 공직생활 중에 다양한 경험과 중요한 정책결정을 하며 그 꿈을 자신의 일 속에 체화시켰습니다. 공공기관 정책과 관리뿐 아니라 경제, 재정, 지방, 사회복지 등 국정의 기본 틀을 혁신하는 일을 하며 자신이 찾은 답을 실천에 옮기기 위해 노력해왔습니다. 저는 그 모든 것을 옆에서 지켜본 증인입니다.

김 차관은 대한민국에 날개를 달고 싶어 합니다. 대한민국의 비상을 꿈꾸는 것이지요. 그리고 이제 그동안 했던 일들에 대해 성찰하면서 새 비전과 좌표를 제시하고 싶어 합니다. 그 첫 번째 시도가 국정 전반에 걸쳐 했던 다양한 경험 중에서 공공기관에 날개를 다는 것이고, 이 책이 바로 그 기록입니다. 김 차관의 꿈과 열정에 힘찬 박수를 보냅니다. 이 책은 첫 번째 이야기이지만 앞으로 나올 두 번째, 세 번째 이야기에도 기대가 큽니다. 김 차관의 경험과 통찰력이 국가 발전에 크게 기여할 것으로 믿기 때문입니다.

제가 가장 좋아하는 김 차관의 모습은 일에서 보여준 뜨거운 열정과 탁월한 능력이 아니라 인간됨됨이입니다. 책임감, 의리, 깊은 심지, 희생과 헌신의 정신입니다. 무슨 일이든 잘하지만, 그에 앞서 가장 믿을 만한 친구입니다.

제가 부총리로 일할 때 함께 많은 고민을 했습니다. 김 차관은 늘 제 어깨에 진 짐을 나눠 지는 데 앞장섰고, 한 번도 신뢰와 의리를 저버린 적이 없습니다. 저뿐 아니라 누구에게나 그런 친구입니다.

김 차관이 이제 새 길을 가려 합니다. 공직자는 개인적으로 최선을 다한 것만으로 해명이 되지 않습니다. 국가와 국민에게 무한책임을 져야 하기 때문입니다. 앞으로의 길에서도 뒤돌아보지 말고 뚜벅뚜벅 소신 있게 걸어가기 바랍니다. 어깨에 짊어진 무한책임의 짐을 기꺼이 감당하며 말입니다. 자신의 영달을 위해서가 아니라 진정으로 봉사하는 마음으로 나아가기 바랍니다.

김 차관의 아호는 '나래'랍니다. 자신이 태어난 경기도 이천의 작은 마을 '나래리'에서 따왔다는데, 나래는 날개란 의미도 지니고 있어 중의重意적으로 아호를 정한 것 같습니다. 자신이 꿈꾸는, 대한민국에 날개를 다는 의미 있는 일에 김 차관이 큰 '나래'가 되기를 기대합니다. 우리 사회 곳곳에 힘찬 비상의 날개를 달도록 말입니다.

비상 그리고
날개

　'날개'라는 단어를 좋아하는 필자가 가장 좋아하는 노래는 인기가수 임재범 씨가 부른 〈비상〉입니다. 특히 이 구절을 좋아합니다.

　"그토록 오랫동안 움츠렸던 날개, 하늘로 더 넓게 펼쳐 보이며 날고 싶어……."

　경기도 이천의 작은 산골마을 '나래리'에서 태어난 제가 왜 스스로 날개를 의미하는 '나래'라는 아호로 불리기를 좋아하는지, 이제야 그 이유를 알 것 같습니다.

대한민국의 '비상'

약관을 벗어나지 않은 나이에 공무원 일을 시작하면서 꾸었던 꿈입니다. 1980년대 어두웠던 군사정권 시절, 그래도 세상을 바꿀 수 있고 이미 그 흐름이 시작되었다고 느꼈습니다. 대한민국의 새로운 도약, 비상이 반드시 이루어질 거라고 믿었습니다. 새로운 비상을 위해서는 새로운 '날개'가 꼭 필요한데, 제가 그 '날개' 역할을 할 수 있을 거라고 생각했습니다. 아니, 당시 공직사회에 함께 입문한 동기생이 모두 '날개'일 수 있다고 생각했습니다.

대한민국에 날개 달기

대한민국에 날개를 달고 싶습니다. 이제 와서 보니 짧지 않은 공직생활 대부분이 사실은 대한민국에 날개를 다는 일과 다르지 않았습니다. 필자는 운 좋게도 정부의 국정 전반에 걸쳐 다양한 경험을 할 기회를 가졌습니다. 정부 재설계 및 조직 개편, 경제정책 방향 수립 및 조정, 공무원 인사제도 개선, 사회보험 및 기초생활보장제도 등 사회보장제도와 각종 사회복지 제도 도입 및 개편, 공공기관 혁신 및 관리운영 시스템 재설계,

기금을 비롯한 정부재정 시스템 개혁 등 다양한 작업에 참여했습니다. 이처럼 의미 있는 역할을 수행할 수 있었던 것은 저에게 큰 행운이자 축복이었습니다.

33년의 공직생활을 마무리할 즈음, 대한민국에 날개를 달기 위해 제가 할 수 있는 일을 찾아보았습니다. 그동안의 국정운영 경험을 정리해 후배들에게 조금이라도 도움이 되고 싶었습니다. 따라서 제 손을 거쳐갔지만 분야별로 제대로 추진하지 못했던 것들, 아쉬움이 남는 것들, 그리고 세상이 변해 다시 검토되어야 할 것들을 진솔하게 고백하고 개선 방향을 제시해보고자 합니다.

다행히 제 주변에는 그동안 함께 국정을 고민하고 해결방안을 찾으며 도움을 주었던 인생의 동지와 같은 각 분야 전문가와 친구들이 있어, 이들과 함께라면 가능할 것 같다는 자신감이 생겼습니다. 정부조직, 사회복지, 나라살림, 경제, 지방정부-이천……. 그리고 이제 대한민국에 날개를 다는 일로 마무리하고자 합니다.

첫 번째 이야기 -《공공기관에 날개를 달자》

이번에 펴내는《공공기관에 날개를 달자》는 그 첫 번째 도전입니다. 공공기관 정책은 제 공직생활 내내 풀지 못하는 화두 중 하나였습니다.

어떤 면에서 이 책은 김대중 정부 시절 외환위기 극복 과정에서 추진되었던 공기업 민영화 등 공공기관 경영혁신, 노무현 정부 시절 공공기관의 변화관리와 함께 추진된 공공기관 지배구조 개편 및 공공기관 운영에 관한 법률 제정 등 공무원 인생 중 상당 부분을 공공기관 정책을 직접 담당하고, 공공기관의 하나인 한국동서발전 사장까지 지냈으면서, 공공기관 정책과 관련해 자랑거리가 아니라 부족한 점이 많았음을 고백하는 반성문이기도 합니다.

이러한 반성문조차 부족한 시간과 역량으로 당초 생각했던 것을 제대로 담아내지 못해 아쉬움이 남습니다. 증보판을 통해서라도 보다 완성된 모습을 보여드려야겠다는 다짐을 합니다.

도움을 주신 분들

이번 공공기관에 날개를 다는 일에는 많은 분이 힘을 보태주셨습니다. 숭실대학교의 우윤석 교수님, 백석대학교의 홍길표 교수님, 지방행정연구원의 윤태범 원장님, 가천대학교의 김완희 교수님, 한국능률협회컨설팅의 이립 상무님이 계시지 않았다면 이 책은 나올 수 없었을 것입니다.

이분들은 강단의 교수이자 연구자일 뿐만 아니라, 때로는 일선 현장을 누비는 컨설턴트로서 공공기관 정책의 일가를 이룬 최고 전문가입니다. 파트별로 이분들의 전문적인 식견과 지혜를 담은 '전문가의 시각'은 저의 부족한 부분을 충분히 보충해주고도 남습니다. 때로는 제 의견과 다른 부분이 있을지라도 오히려 독자들이 공공기관의 과제를 보다 잘 이해하는 데 도움이 되리라 믿습니다. 도움을 주신 모든 분께 지면을 빌려 다시 한번 감사드립니다.

2019년 12월, 경기도 이천 안흥동에서
나래 김용진

공공기관 혁신
무엇이 문제인가?

연례행사처럼 반복되는 문제들

"공공기관 방만경영 심각하다."

"공공기관의 도덕적 해이 어디까지 가나."

"지나치게 높은 공공기관장 보수, 이대로 좋은가."

매년 10월이 되면 공공기관들은 몸살을 앓는다. 이즈음 공공기관 관련 언론 보도를 살펴보면 방만경영, 도덕적 해이에서부터 공공기관장의 과도한 보수에 이르기까지 각종 비

도덕적인 행태에 대한 비난이 쏟아진다. 어제오늘, 한두 해의 문제가 아니라, 매년 이때가 되면 연례행사처럼 반복되는 문제다.

물론 매년 10월에는 국정감사라는 국가적으로 중요한 이슈가 있다는 것을 감안해야 한다. 국정감사 시즌에는 국회 차원에서 각 공공기관의 문제점을 찾아내고 지적하는 것이 당연한 일이기 때문에 어쩔 수 없는 면도 있다.

하지만 공공기관 중에도 얼마든지 혁신적인 성공사례가 있고 칭찬받을 만한 일이 있을 법도 한데, 그런 이야기는 좀처럼 찾아볼 수 없고 천편일률적으로 부정적인 이야기 일색이다.

이런 문제를 해결할 방법은 없을까. 이렇게 지속적으로 반복되는 문제에 대해 정부는 손 놓고 그저 바라보기만 하는 것일까. 물론 그렇지 않다. 정부 역시 공공기관에 대한 문제를 해결하기 위해 오래전부터 많은 노력을 해왔다.

1998년 IMF 외환위기 때 집권했던 김대중 정부는 집권하자마자 4가지 개혁안을 들고 나왔다. 금융 개혁, 노동 개혁, 기업 개혁, 그리고 나머지 하나가 바로 공공부문의 개혁이다.

당시 국민의 정부에서는 공공부문 개혁을 추진하기 위해

대통령 직속으로 기획예산위원회를 만들고 그 안에 정부개혁실을 두어 공기업의 경영혁신을 비롯해, 산하기관과 출연 연구기관 혁신을 대대적으로 추진했다.

공기업 민영화를 통해 공기업의 수를 대폭 줄이고 대대적인 구조조정으로 공기업 정원을 평균 15~20% 가까이 감축하기도 했다. 이와 함께 양적인 측면에서뿐만 아니라 공공기관의 운영 시스템, 행태, 문화 등 소프트웨어적인 체질 개선도 광범위하게 추진했다.

참여정부에 들어선 이후에도 공공기관 혁신은 계속됐다. 특히 참여정부에서는 공공기관 혁신을 공기업 민영화나 구조조정 등 외형적인 하드웨어 측면 위주에서 벗어나 변화 관리를 통한 소프트웨어 혁신에 주력했다.

당시 주로 활용했던 방법은 혁신평가다. 혁신평가를 통해 각 기관들의 자발적 혁신을 유도하고 혁신의 최고 단계인 혁신의 내재화, 혁신의 문화화를 목표로 집권 기간 내내 공공기관 혁신을 강력하게 추진했다.

이러한 노력에도 불구하고 공공기관에 대한 비난과 비판은 조금도 줄어들지 않고 그대로다. 도대체 무엇이 문제일까.

해결 방법은 없는 걸까? 이 책에서는 이 문제를 하나하나 짚어 보고 그 해법을 찾아보려고 한다.

'신의 직장'이라는 꼬리표

'신의 직장', '안정되고 편안한 일자리', '철밥통'. 공공기관을 설명할 때 주로 등장하는 수식어다. 월급 꼬박꼬박 잘 나오면서 일도 편하고 위험부담이 없다는 점 때문에 붙은 말이다.

재미있는 것은 공공기관 관련 검색어 중 '채용'이라는 단어가 가장 많다는 점이다. 공공기관에 대한 사회적 비난이 높지만 젊은이들은 이와 상관없이 공공기관 취업을 선호한다. 직업적 안정성, 높은 보수, 부담 없는 노동 강도 등 공공기관을 비판할 때 사용했던 특징들이 젊은이들에게는 공공기관을 일은 적게 하면서 돈은 많이 버는 '신의 직장'으로 여기게 했다.

반면 경영자 입장에서 보면 공공기관은 굉장히 힘들고 어려운 곳이다. 민간기업은 99번 실패하다 한 번 성공하면 그 한 번의 성공으로 모든 것이 만회된다. 직원들을 10~20년 먹여 살릴 수 있고 큰돈을 벌며 사회적으로도 대접을 받는다.

하지만 공공기관은 99번 성공하다 한 번만 실패해도 사회적 비판과 비난의 대상이 된다. 공공기관을 리스크 없이 보수적으로 경영할 수밖에 없는 이유도 바로 여기에 있다.

그렇다면 여기서 공공기관의 존재 이유에 대해 다시 한 번 생각해보자. 우리에게 공공기관은 왜 필요하며 정부는 왜 공공기관을 만든 것일까.

본질적으로 공공기관은 정부와 같은 일을 한다. 즉, 정부를 대신해 국민들에게 공공재를 공급하는 것이 공공기관의 역할이다. 그 과정에서 정부가 해야 하는 일을 보다 효율적으로 하기 위해 민간기업의 경영 원리를 접목시켜서 만든 것이 바로 공공기관이다.

막상 공기업에 가보니, 국민들이 공공기관을 비판적인 시각으로 보는 것과 달리 공기업 직원들은 오히려 공공기관의 한계에 대해 볼멘소리를 했다.

민간기업의 경영자나 직원처럼 기업가 정신으로 뭔가 하려고 해도 정부의 구속과 간섭이 많고 한 번 실패하면 용서받지 못하는 등, 권한은 없으면서 책임만 많다는 것이다. 어떤 것이 맞는지 모르겠지만 무엇인가 잘못된 것만은 분명했다.

문제 해결을 위해 운영 시스템의 혁신에도 도전했다. 공공 부문 혁신을 위한 전반적인 운영 시스템의 변화를 위해 추진했던 것이 공공기관의 지배구조 혁신이다.

2004년부터 2007년까지 공공기관의 지배구조 혁신 작업을 통해 정부와 공공기관의 관계, 공공기관의 내부 구조, 그리고 거기에 따른 임명 절차, 공공기관 이사회의 기능과 역할 등을 전반적으로 새롭게 세팅했다.

이러한 변화를 통해 공공기관들은 스스로 판단해서 자율적으로 일하고 그에 따른 책임을 질 수 있게 하는 시스템을 갖추도록 했으며, 국민 입장에서는 공공기관을 제대로 알고 감시할 수 있도록 했다. 그럼에도 불구하고 백약이 무효라는 듯 근본적인 문제는 해결되지 않고 있다.

공공기관 혁신, 어떻게 가야 할까? 너무 큰 담론만 갖고 이야기하기보다는 이제 공공기관 입장에서 혁신할 수 있는 여건을 어떻게 만들지 고민해봐야 할 때다.

공공기관 혁신이 어려운 이유

공공기관의 주주는 국민이다. 한편으로 공공기관의 고객

또한 국민이다. 공공기관에 대해서는 주인으로서의 요구와 고객으로서의 요구가 상충할 때가 있다. 주주로서의 국민은 가급적 아끼고 절약하고 이윤을 많이 남겨 나의 부담을 줄이고 나중에 배당을 많이 해주기를 바란다. 또 공공기관이 마음대로 방만하게 경영하거나 주인 몰래 딴짓을 하지 않도록 투명성을 요구한다.

반면 고객으로서의 국민은 돈이 얼마나 들어가는지와 관계없이 공공기관의 서비스 품질이 얼마나 좋은지, 내가 얼마나 친절하게 서비스를 받을 수 있는지에 관심이 있다. 고객만족을 위해서 비용과 관계없이 서비스의 품질을 높이면 높일수록 좋아한다.

공공기관 경영이 어려운 이유는 이런 상반된 두 가지 욕구를 모두 충족시켜야 하기 때문이다. 여기에 한 가지가 더 있다. 바로 사회적 요구에 대한 응답이다.

공공기관은 민간기업과 다른 뭔가를 요구받는다. 바로 공공성의 문제다. 공공기관들은 사회적 책임까지 져야 한다. 공공기관 자체의 성과도 내면서 경제 활성화와 일자리 창출 등 사회적인 요구가 있을 때는 앞장서서 이것을 끌고 나가야 한다.

마지막으로 민간기업은 아웃풋, 즉 경영성과를 중요시한다. 과정이야 어떻든 이윤을 많이 내어 배당을 많이 할 수 있는지 그 결과가 중요하다. 그러나 공공기관은 결과도 중요하지만 그 과정을 더 중시한다. 아무리 훌륭한 결과물을 내더라도 그 과정에 투명성, 도덕성, 윤리문제, 참여, 민주성 등의 요소가 갖춰지지 않으면 제대로 인정받지 못하며 평가절하될 수밖에 없다.

　　또한 이윤이 아무리 많이 나더라도 그것이 사회적 가치와 맞지 않으면 소용없다. 예를 들어 한국전력이 수십조 원의 이익을 냈다고 가정해보자. 한국전력이 민간기업이라면 그렇게 많은 이익을 낸 데 대해 찬사가 쏟아지고 성공적인 경영 사례로 주목받을 것이다.

　　하지만 공기업 입장에서 보면 상황이 달라진다. 공기업이 그렇게 많은 이익을 내도 괜찮냐는 지적에서부터, 이익을 그렇게 많이 내는데 왜 요금을 내리지 않느냐는 비판까지 온갖 질타가 쏟아질 것이다.

　　이런 여러 가지 이유로 공공기관은 아무리 잘해도 칭찬받기 어려운 구조를 갖고 있다. 그렇기 때문에 공공기관의 경영이 어려운 것이다. 우연찮게 공공기관을 관리·감독하는 공무원에서 공공기관의 사장을 맡게 됐고, 또다시 정부에 들어와 공공기관을 관리·감독하는 입장이 됐다.

이렇게 완전히 상반된 입장에서 일한 특별한 경험이 공공기관 문제를 조금 더 깊이 바라보고 생각할 수 있는 계기를 마련해주었다. 나의 이런 경험이 공공기관 문제를 해결하는 데 조금이나마 도움이 됐으면 하는 바람이다. 이제 그 이야기를 시작하려고 한다.

CHAPTER 1

리더십

사장의 길

경영자이기에 앞서 한 사람의 인간

―――――

언젠가 《사장의 길》이라는 책을 읽고 공감했던 기억이 난다. 정확한 내용은 다 기억할 수 없지만, 이 책에서 묘사하는 사장은 외롭고 힘든 길을 혼자 가는 고독한 존재였다. 직원들과 함께 저녁에 회식을 하더라도 직원들 앞에서 술을 너무 많이 마시면 안 된다. 술을 마시고 싶으면 집에 가서 혼자 마셔라. 직원들 앞에서 눈물을 흘리지 마라. 이 책에서 묘사하는 사장은 주로 이런 모습이었다.

회사의 문제를 누구도 대신해주지 않고 상의할 사람도 없이 혼자 고민하는 사장의 모습이 안쓰러웠다. 마치 구도자의 길처럼 느껴지기도 했다.

그 책을 읽고 직원들에게 추천도서로 권해줄까 하다가 금방 마음을 고쳐먹었다. 직원들이 이런 책을 보면 안 되겠다는 생각이 들었기 때문이다.

사장은 직원들과 같이 숨 쉬고 생활하고 소통하는 대상이지 회사 조직과 동떨어진 특별한 존재가 아니다. 상황에 따라 직원들 앞에서 하는 이야기 다르고 뒤에서 하는 이야기 다른 능수능란한 마키아벨리식 리더십도 적절하지 않다고 생각한다.

직원들하고 직접 부딪치고 대화를 나누고 소통하는 과정에서 직원들의 고민도 나오고 어려움도 들을 수 있으며 그런 과정을 통해 조직의 미래 비전도 그려진다.

앞서 언급했던 정부와 공공기관의 관계와도 비슷하다. 정부와 공공기관이 함께 문제를 내고 푸는 것처럼 직원들과 적극적으로 소통하는 기회를 많이 늘려가는 것이 맞다.

사장도 경영자이기에 앞서 한 사람의 인간이다. 요즘 일과 생활의 균형을 이야기하는 '워라밸'에 대한 관심이 높지만 회사도 하나의 사회이고 조직이기 때문에 사회가 제대로 돌아가도록 하려면 사장도 일에서 보람을 찾아야 한다.

어려운 관계일수록 더 자주 만나라

아무리 좋은 경영방침이나 솔루션이라고 하더라도 구성원들의 공감대가 형성되지 않으면 소용없다. 모든 구성원이 그 결과물을 자신의 것으로 만들도록 해주어야 한다. 그러려면 과정이 필요하다. 끊임없이 자주 만나고 대화를 해야 한다.

사람과 사람 사이에 언어가 다른 경우가 많다. 똑같은 단어를 이야기해도 서로 다른 생각으로 그 단어를 이해하고 받아들이다보면 오해가 생기고, 마침내 쓸데없는 신경전으로 이어지기도 한다.

어떤 현안에 대해 꼭 합의하지 않아도 좋다. 자주 만나고 이야기하는 자리를 마련해야 한다.

노사는 서로 만나기 부담스럽다. 경영자와 노조가 만나면 늘 무엇인가 요구하거나 요구받게 된다. 대부분은 실행하기 어려운 것들이다.

하지만 그럴수록 더 자주 만나야 한다. 그래야만 조금씩이라도 서로의 언어를 이해하고 서로의 태도를 이해할 수 있다. 합의하지 못한다고 해서 실패한 것은 아니다. 서로 이해하는 것만으로도 큰 성과다. 이해하고 나면 상대방의 입장을 인정하게 된다.

물론 인정이 곧 동의를 의미하는 것은 아니다. 동의하지 못하더라도 상대방을 이해할 수는 있다. 회사가 왜 그렇게 할 수밖에 없는지, 사장이 혹은 직원들이 왜 그렇게 생각할 수밖에 없는지 이해하면 80~90퍼센트는 이루어진 것이나 다름없다. 조금만 더 대화를 나누다보면 합의하는 데까지 금방 이를 수 있다.

조급할 필요 없다. 어떤 문제에 대한 답은 한 번에 딱 보이기도 하고 계속 가야만 보이기도 했다. 그런 답을 실제 실행에 옮기기 위해서는 과정이 필요한 경우가 많다.

합의를 이루어내지 못하더라도 서로의 입장을 충분히 이해하고 인정하는 것만으로도 나는 성공이라고 생각한다.

결과보다 과정에 집중하라

대화부터 시작하라

———

한국동서발전 사장으로 부임하자마자 다음 날 기획재정부에서 '성과연봉제'를 도입하라는 가이드라인이 내려왔다. 아직 직원들과 인사도 제대로 못 했는데 오자마자 직원들이 싫어하는 일부터 해야 한다고 생각하니 앞길이 막막했다. 정부에서 가이드라인으로 내려온 시한도 매우 촉박했다.

성과중심의 경영은 당연히 필요하지만, 아무 준비도 없이 갑작스럽게 추진하기란 쉬운 일이 아니었다. 어떻게 해야 할지 무척 고민되었다. 아무런 대화도 없이 무작정 성과연봉제를 도입하자고 '통보'한다면 결과는 보지 않아도 뻔했다.

일단 대화를 나눠보기로 마음먹고 직급별 대화부터 시작했다. 처장급 이상, 시니어 그룹, 부장급, 차장 이하 전 사원으로 나누어 전 사업장을 돌면서 직원들과 대화 시간을 가졌다.

직접 만든 프레젠테이션 파일로 강의도 하고 토론도 했다. 한번 자리를 마련하면 2시간 정도 진행했는데, 30분 정도 강의하고 나머지 1시간 반 정도는 주로 직원들과 토론하는 형식이었다.

전국에 있는 5개 사업소를 돌면서 낮에는 강의와 토론을 하고 저녁에는 뒤풀이 시간을 가지면서 또다시 토론했다. 그야말로 치열한 토론을 통해 마음을 열고 서로의 생각을 털어놨다.

물론 주 내용이 성과연봉제를 도입하자는 것은 아니었다. 우리가 처한 경영환경에서 앞으로 에너지 산업의 방향이 어디로 갈 것인지 생각해보고 다가오는 위기와 우리가 해야 할 것들에 대해 고민하고 이야기를 나누었다. 그리고 그것을 이루기 위한 방법의 하나로 성과중심 문화가 필요하다는 공감대도 이끌어냈다.

전 사업장을 한 바퀴 돌면서 직급별 대화를 나누고 다시 한 바퀴, 또 한 바퀴를 돌았다. 노조와도 별도로 대화를 나누었다. 두 달 이상을 그렇게 직원들과 대화하고 토론하면서 보냈다.

치열한 토론과 논쟁의 과정을 거치다

성과중심 문화가 필요하다는 것에는 직원들도 어느 정도 공감대가 형성되어 있었다. 찬반을 떠나 큰 방향에서 기업문화를 바꿔가야 한다는 것에 대해서도 많은 직원이 공감했다.

하지만 구체적으로 성과연봉제로 들어가려고 하면 반대가 심했다. 그 밑바탕에는 평가에 대한 불신이 자리하고 있었다.

누가 평가하느냐에 따라 결과가 달라지고 평가가 잘못 사용되어 사람을 강제 퇴출시키는 수단으로 악용되는 것은 아닌지 걱정이 많았다.

직원들의 의구심을 없애기 위해서 사내 통신망에 당장 CEO 메시지를 올렸다. 그리고 '평가를 평가하는 시스템'을 만들어 간부나 경영진이 제대로 평가하는지 지켜볼 수 있도록 시스템을 마련하겠다고 제안했다.

성과연봉제에 대해 연구 용역도 주고 우리에게 맞는 성과연봉제는 무엇인지 찾기 위해 경영진에 해당되는 순회 토론을 몇 차례 진행했다.

그러는 과정에서 성과연봉제를 찬성하는 그룹과 반대하는 그룹, 양 그룹 간 치열한 논쟁과 토론이 있었다. 찬반투표에 들어가기 전까지도 사내 게시판을 통해서 치열하게 토론하고 논쟁하는 과정을 거쳤다.

그러면서 공감대가 확장되고 대안이 제시되었으며 직원들이 걱정하는 부분에 대한 보완 방안도 마련되었다. 또한 평가결과에 이의를 제기하는 경우 노사 공동으로 처리하기로 했다.

그런 과정을 거치고 나니 자연스럽게 성과중심의 경영으로 가는 것이 좋다는 결론에 도달할 수 있었다. 찬반투표 결과 60%가 성과연봉제를 찬성했다.

구성원들이 스스로 고민하면서 문제를 직시하고 토론해 보완 방법을 찾아낼 수 있었다. 이런 과정 없이 찬반투표로 바로 진행했다면 많은 문제에 부딪혔을 것이다.

　　단순하게 제도를 도입해서 강제적으로 적용하는 것이 아니라 기업 문화로 자연스럽게 녹아들어야만 오래갈 수 있다.

독재형이냐 방임형이냐

리더십의 유형에 대한 논란

———

리더십에 대해서는 이미 학문적으로도 많은 연구가 이루어져 있다. 리더십의 유형을 살펴보면 과정을 중시하는 타입도 있고 결과를 중시하는 타입도 있다. 또 리더의 개인적인 성향에 따라서도 여러 가지 형태로 나뉜다.

많은 리더십 유형이 있지만 가장 많이 언급되는 대표적인 유형으로 독재형 리더십과 민주형 리더십, 그리고 방임형 리더십을 들 수 있다.

독재형 리더십이란 강력한 카리스마로 조직 구성원들을

이끌어가는 리더십이다. 조직 구성원을 통제하고 조정해서 정책의 일관성을 이끌어내며, 빠른 의사결정으로 신속한 대응이 가능하다는 장점이 있다. 하지만 구성원들의 소외감, 경직성, 통제에 대한 거부감, 구성원과 프로젝트에 대한 이해와 애정도가 떨어지는 것이 단점이다.

민주형 리더십은 구성원들의 이야기를 귀 기울여 듣고 반영하는 리더십이다. 철저하게 구성원들의 뜻을 반영하는 것이 특징으로, 많은 경영자나 구성원들이 선호하는 리더십이기도 하다.

방임형 리더십은 조직원들이 스스로 알아서 하도록 놔두는 것이다. 언뜻 리더십 부재 상황처럼 보이기도 하고 리더로서 역할을 제대로 하지 않는다는 의구심을 불러일으키기도 한다.

리더십은 상황에 따라 얼마든지 달라질 수 있다. 어떤 리더십이 반드시 좋고 또 다른 리더십은 나쁘다고 단정하기는 어렵다.

'똑게'와 '멍게' 사이

———

방임형 리더십은 기본적으로 리더가 조직 구성원들에 대해 크게 개입하지 않는 형태의 리더십을 말한다. 그러다보니 리더가 게으른 것처럼 비치기도 한다. 방임형 리더십에도 두 가지 형태가 있다. '똑게'와 '멍게'가 그것이다.

'똑게'는 똑똑하면서 게으른 것이고, '멍게'는 멍청하면서 게으른 것을 의미한다. '똑게형' 리더는 돌아가는 상황을 다 알고 있지만 직접적으로 간섭하지 않는 스타일이고, '멍게'는 상황을 잘 몰라서 개입하지 않는 스타일이다.

그 밖에 똑똑하면서 부지런한 '똑부'와 멍청하면서 부지런한 '멍부'가 있다. '똑부' 스타일의 리더를 만나면 부하들이 피곤하다. 하지만 '멍부' 리더를 만나면 조직에 문제가 생긴다. 경영자라면 자신이 어떤 스타일인지 한 번쯤 생각해볼 필요가 있다.

참여정부 시절 혁신평가와 변화관리 쪽 일을 많이 하면서 나 자신이 어떤 리더십 유형인지 테스트해본 적이 있다. 대부분의 사람은 민주형을 이상적인 리더십 유형으로 여긴다.

직원들의 이야기도 들어보고 조직 자체에서도 현명한 의사결정을 내리는 유형이 이상적이라고 생각하기 때문이다.

나 역시 내심 민주형 리더십 유형으로 나오기를 기대하며 답변했지만 뜻밖에도 방임형 리더십으로 나왔다. 방임형 리더십이지만 다행히 '똑게'라서 위안을 삼았다.

방임형 리더십의 장점은 직원들 사이에서 활발한 토론이나 문제 제기가 많이 이루어지도록 하고, 보텀업 형태로 아래에서부터 의견이 올라오도록 하며, 그런 과정을 통해 정돈된 결론이 나오도록 하는 것이다.

정부가 너무 의욕에 앞서 일을 추진하다보니 구성원들의 합의가 없어도 이사회 결의만으로 성과연봉제 도입이 가능하도록 유권해석을 내렸다.

그 때문에 노조와 충분한 토론도 거치지 않고 찬반투표도 없이 전격적으로 실시한 경우가 많았다. 그 결과 어떻게 됐을까? 시간이 흐른 뒤 예외 없이 모두 원래 상태로 돌아갔다. 정부의 정책 변화로 인해 모두 되돌아갔지만 한국동서발전은 최근까지도 그 제도가 꾸준히 유지되었다.

제도는 짧지만 기업문화는 길다. 하나의 제도가 기업문화로 뿌리내리기 위해서는 직원들의 참여와 치열한 토론이 필요하다. 사장은 처음부터 끝까지 직원과의 대화가 가장 기본이 되어야 한다는 것을 잊어서는 안 된다.

사장이 필요 없는 회사를 만들어라

사장은 혁신적이어야 한다는 고정관념

리더십에 대한 고정관념이 하나 있다. 사장은 항상 혁신적이어야 한다는 것이다. 사장은 회사 바깥에서 많이 듣고 고민도 많이 하기 때문에 조직을 앞에서 끌고 뒤에서 밀면서 새롭게 바꿔 나가야 하는 존재라고 믿는다. 물론 맞는 말이다. 하지만 그것은 사장만의 일이 아니다. 직원 중에도 그런 역량을 가진 사람이 많다.

사장에 취임한 후 직급별 대화를 통해 회사가 추진해야 할 과제, 회사의 미래와 전망, 경영환경 등에 대해 토론하자 많은 이야기가 쏟아져나왔다. 사장이 회사가 나아가야 할 방향에 대해 이런저런 이야기를 하지 않아도 직원들이 이미 좋은 생각을 많이 갖고 있다는 것을 느낄 수 있었다.

한국동서발전의 경우도 회사 업종의 성격을 바꿔보자는 이야기가 오래전부터 제기돼왔다. 하지만 그럴 때마다 나온 일반적인 대안은 화력발전뿐만 아니라 신재생에너지로 가야 하는 것 아니냐는 것이었다.

하지만 직원들과 대화를 나누고 여러 차례 토론을 거친 끝에 나온 아이디어는 기존 전기 제조업에서 서비스업으로 바꿔보자는 것이었고, 그 대안 중 하나가 바로 솔루션 프로바이더였다. 자연스럽게 발전되어 솔루션을 팔아먹긴 하는데, 그냥 솔루션이 아니라 최첨단 테크놀로지로 무장한 솔루션을 만들자는 것이었다.

오랜 시간 발전소를 운영해온 노하우와 AI, 빅데이터, IoT 등 4차 산업의 최첨단 테크놀로지를 활용해 최고로 고도화시키고 그런 노하우를 다른 발전소, 다른 나라에 팔아보자는 제안이었다.

단순히 화력발전소를 신재생에너지로 바꾸자는 개념을

뛰어넘어 '발전 인더스트리 4.0'에 도전해보자는 참신한 아이디어였다.

리더십보다 시스템 먼저

———

공기업은 리더십을 발휘하기가 쉽지 않다. 그럼에도 불구하고 잠시라도 리더십의 공백이 생기면 아주 큰 문제가 발생한다. 내가 차관으로 발령 나 다시 정부로 들어가면서 한국동서발전은 갑작스럽게 8개월 정도 사장 공석 상태에 놓였다. 그러다보니 새롭게 추진하려던 일들이 '올스톱'됐다.

공기업에서는 사장 한 사람만 없어도 회사가 돌아가지 않는다. 새롭게 추진하는 일, 조금이라도 부담되는 일은 거의 진행되지 않는다. 돈이 많이 들어가는 의사결정은 거의 하지 않고 기존에 하던 일을 답습하는 상황에 놓인다.

단지 사장 한 사람이 없을 뿐인데 조직 전체가 아무 일도 하지 못하는 상태가 되어버리는 것이다. 공기업은 뛰어난 리더십을 가진 유능한 경영자도 중요하지만 그런 것이 필요 없을 정도로 시스템 자체가 잘되어 있어야 한다.

앞서 99번의 성공과 한 번의 실패에 대해 이야기했지만 한 번 실패해도 괜찮다 두 번 실패해도 괜찮다고 하는 리스크 관리 시스템과 잘못하더라도 면책받을 수 있는 제도가 필요하다. 그래야 새로운 일을 과감하게 추진하고 CEO가 없어도 앞으로 나아갈 수 있다.

구성원들이 행복한 직장

직장인 행복도 세계 49위

지난해 글로벌 리서치 기업이 전 세계 57개국 직장인을 대상으로 행복지수를 조사한 결과, 우리나라 직장인의 행복도는 최하위권인 49위를 기록했다. 우리나라 직장인이 그다지 행복하지 않다는 의미다.

일반 국민들도 마찬가지다. 지난 3월 유엔 산하 자문기구인 지속가능한 발전해법 네트워크SDSN가 발간한《2017 세계 행복보고서》에 따르면 한국인의 행복도는 전 세계 155개국 중 56위에 머물렀다.

우리나라 국민 3명 중 1명이 직장근로자이다. 직장인이 행복하지 않은 국가의 국민이 행복할 리 없는 것은 당연할지도 모른다. 행복한 국가를 위해서라도 행복한 기업을 만드는 일이 무엇보다 중요하다.

직장인이 불행하다고 하지만 필자와 동시대를 살아온 중장년 세대는 이를 잘 이해하지 못하는 경향이 있다. 심지어 젊은 세대들이 참을성 없고 편한 것만 추구한다는 냉소적인 비판을 하는 이도 있다. 영화 〈국제시장〉의 주인공처럼 전란 후 가족의 생계를 책임져야 했던 세대까지는 가지 않더라도 1970년대 국가경제를 살리기 위해 중동으로 떠나야 했던 근로자, 수기手記로 모든 업무를 처리했던 아날로그 세대에겐 지금의 보수와 근무환경 등 어느 것 하나 과거보다 행복하지 않을 이유가 없어 보인다.

입사와 함께 번아웃Burn-out되는 사원들

요즈음에는 대기업이나 공기업 취업에 성공하면 온 집안의 자랑거리다. 젊은이들은 마음에 드는 직장을 잡기 위해 몇 년간의 희생도 불사한다. 치열한 경쟁을 거쳐 어렵사리 원하는 직장에 들어갔는데도 이들이 불행하다고 느낀다는 것을 어떻게 이해해야 할까?

최근의 젊은 사원들은 증후군을 보이기도 한다. 좋은 대학에 입학하고 인정받는 회사에 입사하기 위해 자격증 취득 등 많은 노력과 극심한 경쟁을 치렀다는 점을 생각하면 일면 수긍이 가기도 한다.

이들 앞에는 회사에서 인정받고 승진하기 위한 경쟁이 또 기다리고 있다. 여기에다 비싼 주택가격 등으로 결혼하고 가정을 꾸리려면 과거보다 큰 비용을 마련해야 한다.

치열한 경쟁으로 에너지가 소진된 직장인들이 회사에 바라는 것과 추구하는 가치도 변화하는 조짐이 보인다. 최근 어느 취업 포털사이트의 조사결과에 따르면 구직자 3명 중 1명은 '저녁이 있는 삶'을 절대 포기할 수 없고, 연봉도 포기할 수 있다는 대답을 했다. "배부른 돼지보다 배고픈 소크라테스가 낫다"고 외쳤던 19세기 영국의 사상가 스튜어트 밀의 말처럼 정신적 만족을 더욱 중요시한다.

이러한 문제는 상당 부분 개인적인 삶과 직장이 별개라고 생각하는 데서 비롯된 것이다. 개인의 삶에서 직장의 의미를 생계를 위한 도구로만 인식하는 것은 아닌지 돌아볼 필요가 있다.

가장 불행한 것은 개인의 인생 목적과 회사·조직의 목적이 일치하지 않고 심지어 대립·갈등관계에 있는 경우이다. 아직도 회사와 개인의 역할, 목적 등을 서로 대립적인 것으로 이해하고 직장 내에서 세대 간, 노사 간 평행선을 달리는 안타까운 모습을 흔히 본다.

개인 입장에서 보면 직장은 자기정체성의 일부분을 이룬다. 개인의 자아실현과 인생 목적 실현을 위한 중요한 터전이다. 이러한 점에서 회사가 직장인들의 처지를 이해하고 인정하며 그들의 삶을 존중하는 것이 문제해결의 출발점이 되어야 한다.

개인도 직장이 단순히 생계를 꾸리는 수단에 불과하다는 생각을 버려야 한다. 직장은 자신의 삶과 목적의 일부이다. "인생의 목적을 회사 문 앞에 버려두고 일하러 들어가는 경우가 있어서는 안 된다"는 어느 경영학자의 충고를 되새겨본다.

리더라면 조직의 목표나 비전을 바라보기에 앞서 가장 가까이 있는 구성원들에게 관심을 가지는 것이 중요하다. 경영자 입장에서 조직 구성원들의 행복보다 더 큰 관심을 기울일 것이 또 있을까?

열심히 일하는 사람이
존중받는 조직

일란성 쌍둥이 역할의 드라마 주인공

언젠가 1인 2역의 주인공이 등장한 드라마가 TV에서 큰 인기를 끈 적이 있다. 드라마 속에서 일란성 쌍둥이 역할을 맡은 배우의 뛰어난 연기력 덕분에 시청자들은 드라마 속으로 깊이 빠져들었다.

일란성 쌍둥이 동생이 형까지 죽이는 극악무도한 연기를 펼칠 때 시청자들의 몰입도는 더욱 높아졌다. 물론 탄탄한 스토리와 연출력도 빼놓을 수 없지만 한 명의 배우가 성격이 완전히 다른 쌍둥이 역할을 동시에 연기함으로써 매회 극적인 반전을 이끈다는 것이 보는 이의 눈길을 사로잡은 비결이었다.

시청자는 즐겁지만 1인 2역을 하는 연기자는 고통스럽다. 배우에겐 연기력을 인정받는 계기가 되는 동시에 검증받는 일종의 시험대이기도 하다. 분장을 하루에도 몇 차례 고쳐야 하는 번거로움이 있다. 촬영시간은 당연히 길어지고 그에 대한 에너지 소모도 크다. 동시에 완전히 다른 배역을 소화함에 따라 체력뿐만 아니라 감정 소모도 만만치 않고, 고통을 호소하기도 한다.

일란성 쌍둥이 역할 같은 1인 2역은 영화나 드라마에서 소재상 선택할 수밖에 없고, 드라마틱한 반전과 재미를 위한 장치라는 점에서 필요하지만 2인 2역으로 대체할 방법이 만만치 않다.

국내만 보더라도 쌍둥이 유명배우를 아직 본 적이 없다. 그래서 드라마나 영화 제작 관계자는 연기력이 검증된 배우에게 이전 작품보다 더 나은 개런티를 제공하고 사후 흥행에 따른 성과보상을 약속한다고 한다.

1인 2역 인재들에 대한 대우

기업도 1인 2역의 인재를 필요로 할 때가 많다. 산업 간 경계가 허물어지고 새로운 융복합 비즈니스가 생기는 시대이다. 전통적인 위계질서와 업무분장이 불분명해지고, 칸막이처럼 명확히 나뉘었던 부서 간, 업무 간 경계가 허물어지고 있다.

하지만 대부분의 기업이 '재무관리는 경영학 전공자', '발전소 운영은 공대생 출신'이 담당하는 정형화된 인력구조를 갖고 있다보니 직원들은 1인 1역 수행에 최적화돼 있다.

하지만 어떠한 인재의 경우 한 개의 업무를 담당할 때보다 연관된 두 개의 업무를 담당했을 때 더 큰 역량을 발휘하거나 성과를 낼 수 있다. 또한 인문학과 자연과학을 결합한 문리통섭형 인재는 한 영역보다 경영관리와 기술영역의 업무를 동시에 부여하면 기대 이상의 성과를 거둘 수 있다.

그렇다면 이러한 우수 직원을 기업에서는 어떻게 관리해야 할까? 먼저, 고성과자가 자신의 역량을 조직 내에서 십분 발휘할 수 있도록 성과중심 문화를 확산시키는 것이 중요하다. 열심히 일하는 사람이 존중받고 그에 상응하는 보상을 받는 것이 당연하다는 구성원 간 합의와 공감대가 형성되어야 한다.

　고성과자들은 두 사람 몫을 연기하며 감정을 두 배로 소모하는 배우처럼 힘든 과정을 겪을 수 있다. 기업은 이들에게 무조건적인 희생을 강요할 수 없다. 직원의 역량을 더 많이 이용하는 만큼 이에 따르는 적절한 성과보상으로 동기를 부여해야 한다.

　하지만 1인 2역 수행 직원이 정말 그러한 자격이 있는지, 동시에 보편타당한 기준으로 성과보상을 받는지 등 공정성과 객관성에 문제가 없는지 살펴봐야 한다. 그러한 성과제도에 대한 내부 직원의 수용성이 낮다면 제도는 무용지물이 될 뿐이다.

　경영자는 모든 직원이 높은 성과를 내길 바라지만 현실은 그렇지 않다. 작품 속 모든 배우가 빼어난 연기를 보여주지 않을뿐더러 데뷔하자마자 주연급 연기를 소화해내기 어렵듯이, 기업도 저성과자와 신참 직원이 존재한다.

　핵심은 각자의 역량을 얼마나 극대화해 활용하느냐 하는 것이다. 고성과자의 역량이 적극 활용되면 다른 직원의 역할 모델로서 기능하게 되고, 이러한 역량과 성과중심의 문화 확산은 마침내 기업의 흥행으로 이어질 것이다.

이상적인 공공기관장의 리더십

우윤석(숭실대학교 행정학부 교수)

아버지 없이 태어나 14세에 어머니마저 잃어 고아가 된 앤드루 잭슨Andrew Jackson은 뉴올리언스에서 불과 21명의 병사로 영국군 2,037명을 전사시키고 대승을 거둔 후 인디언 토벌에서도 대승을 거둬 일약 영웅으로 떠올랐다.

이에 힘입어 미국의 7대 대통령에 당선된 그는 귀족 출신이 아니면서 최초의 미국 대통령이 된 사람으로 유명하다. 그는 또 다른 이유로 행정학계에서도 유명한 사람이 되었다. 바로 잭스니안 데모크라시Jacksonian democracy로 불리는 엽관제獵官制, spoils system를 적극적으로 도입했기 때문이다.

엽관제는 관직을 전쟁(선거)에서 거둔 전리품처럼 챙겨

서 전쟁(선거)에서 이기게 해준 조력자와 지지자들에게 나누어주는 것을 말한다. 이 제도는 누구나 공직을 맡을 수 있고 당선자의 정책을 적극적으로 추진할 수 있다는 점에서 바람직한 면도 있지만, 비전문가들이 관직을 부정부패의 수단으로 악용할 수 있고 일관성도 확보할 수 없었기 때문에 현대 행정에서는 전문적인 공무원 집단technocrat을 중심으로 한 관료제bureaucracy에 밀려 역사의 뒤안길로 사라졌다.

그러나 책 속에만 남아 있는 엽관제가 버젓이 적용되는 분야가 아직도 존재한다. 우리나라의 경우 공공기관장 인사가 바로 이에 해당한다. 수천억 원의 예산을 집행하는 공공기관장에 대통령 측근이 임명되는 것은 공공연한 관행이 되었다. 공공기관 입장에서도 업무를 속속들이 알고 있는 전문가보다 차라리 힘 있는(?) 비전문가가 기관장으로 오는 것을 더 선호한다. 임기 동안 비위만 잘 맞추면 조직이 원하는 방향으로 기관장을 움직일 수 있고 '살아 있는 권력'의 힘을 얻어 조직을 키우는 기회로 활용할 수도 있기 때문이다.

공공기관장 인선이 전문성 대신 정치권력과 네트워크에 따라 이루어지는 것이 과연 바람직한가에 대해서는 이견이 있을 수 있다. 주어진 정부 정책을 충실히 집행해야 하는 공공기관의 성격상 차라리 권력집단과 코드가 맞는 인사가 더 낫다는 실리주의적 관점도 가능하고, 특수 분야 업무를 집행하기 때문에 전문성을 중시해야 한다는 실용주의적 관점도 가능하다. 과거 MB 정부 시절 자원외교와 4대강 사업이라는 국정 어젠다를 실현하기 위해 동원되었다가 정권교체 이후 조직의 존폐를 걱정해야 하는 위기에 몰린 공공기관 기관장 중 전문성 없는 코드인사도 있었고 전문성을 갖춘 내부 출신도 있었던 점에 주목할 필요가 있다.

　　정부 정책을 충실히 이행해야 하는 동시에 공공성과 수익성, 전문성을 균형 있게 추구해야 하는 공공기관의 기관장이 갖춰야 할 리더십 덕목에 관해 살펴보고자 한다. 자리post에 따른 책임성responsibility이 아닌 업job에 따른 책무성accountability을 중시하는 관리주의적managerialism 입장에서는 공공기관장의 출신성분(?)보다 관리역량이 더 중요하기 때문이다. 울코크와 스위처(Woolcock & Sweetser 2002:26)의 말처럼 리더는 집단 내부의 관계자를 연결하는 본딩bonding과 외부 집단과의 관계를 설정하는 브리징bridging뿐 아니라 정치경제적 영향력이 있는 외부인사와의 접촉을 의미하는 링킹linking도 중요한 덕목으로 갖출 필요가 있다.

경영학의 구루 중 한 사람으로 인정받는 게리 해멀은 관리혁신이 운영혁신이나 제품/서비스 혁신, 전략혁신보다 상위 개념이라고 주장한다. 운영혁신은 비용절감을 위해 다른 방식을 적용하는 것Do differently을 의미하고, 제품/서비스 혁신은 최초가 되기 위해 다르게 만드는 것Make differently을, 전략혁신은 새로운 비즈니스 생태계를 위해 다르게 파는 것Sell differently을 추구한다. 반면 관리혁신은 혁신적이기 위해 다르게 생각하는 것Think differenly을 의미하며 혁신을 조직원 모두의 문화로 자리매김하도록 유도하는 것을 말한다.

관리혁신을 위해 공공기관 기관장이 갖추어야 할 중요한 리더십 덕목으로는 창의성 또는 창의적 문제해결 능력을 꼽을 수 있다. 공공기관은 특정 목적에 따라 설립되어 업무 형태가 정형화될 가능성이 크고 기존 서비스 공급방식을 답습하기 쉽다. 그러나 공공기관을 둘러싼 환경이 급속도로 변화함에 따라 위험요인도 크게 증가하므로 기존 업무처리 방식에 매몰되지 않은 새로운 접근방법을 끊임없이 모색해야 한다.

혁신단계(The Innovation Stack)

	Tools	Differently	Ex.
Management Innovation	• system management • corporate culture	Think Differently (to be innovative)	• Agenda setting • Be bold, Be nimble • Making inno. everybody's job • Making everyone give their best →cascading, alignment
Strategic Innovation	• new business model • growth engine	Sell Differently (to make new biz-ecosystem)	• iTunes Store • Zara
Product / Service Innovation	• new product or service • 6-Sigma	Make Differently (to be the first)	• Dyson's bladeless fan / bag-less vacuum, smart phone, UHD TV • low % defection
Operational Innovation	• process change • ERP, SCM, CRM, BPR	Do Differently (to save money)	• applying IT • outsourcing

출처: Hamel(2007)의 내용을 저자 요약

임선하(1998, 1993)는 창의성creativity이 성향disposition, 경험experience, 기술skill, 지식knowledge의 함수라고 하는 DESK 모형을 제시한 바 있다.

성향은 호기심과 탐구심, 자신감, 자발성, 개방성, 독자성, 집중성 등으로 구성되는데, 타고난 성향이 아니더라도 주변 사물이나 사태에 대해 "왜 그럴까?" 또는 "무슨 일일까?" 하는 질문을 의식적으로 제기한다거나 문제 상황에서 문제와 관련된 정보를 가능한 한 많이 찾아보는 노력 등을 통해 보다 창의적인 방향으로 개선할 수 있다. 경험은 자신의 경험에 대한 반성 외에 창의적인 주변 사람의 경험을 관찰함으로써 창의성을 높이는 데 활용될 수 있다. 기술은 친밀한 것을 이상한 것으로 생각해본다거나 서로 관계없는 현상 간의 관련성을 찾아보는 방식 등을 통해, 그리고 지식은 창의적인 사람들의 사고 과정 학습이나 타인에 대한 감정이입 등을 통해 창의성을 높이는 데 기여한다.

최병권(2008)이 제시하는 '살아 숨쉬는 회의 원칙'은 형식적인 보고에 그치기 쉬운 공공기관의 회의를 창의적인 의사소통의 장으로 만드는 작은 출발점이 될 수 있다.

창조적이고 혁신적인 성과를 창출하기 위해서는 의도적인 갈등 조장도 필요하다. 기관장은 조직 내에 '지적 다양성'을 확보하기 위해 인종, 성별, 출신 지역 등 외적 다양성뿐 아니라 가치관, 지식, 경험 등 내적 다양성을 확보하는 것이 중요하다. 다양한 배경과 지식을 지닌 구성원들이 아이디어 발굴과 창조적 조직문화 구축에 기여할 수 있기 때문이다. 따라서 직

6가지 회의원칙

절대 상사가 먼저 말하지 마라	상사가 먼저 말하는 순간, 참석자들은 상사의 말에 "예"라고 대답한다. 아이디어 회의에서는 말을 자제하라(잠시 자리를 비우는 것도 좋다).
한 사람씩 돌아가면서 발표하게 하지 마라	모든 사람이 몇 분씩 발표하는 것은 민주적으로 보일지 몰라도 아이디어는 나오지 않는다. 고통일 뿐이다. 회의의 초점은 사람이 아니라 아이디어임을 명심하라.
전문자의 조언만 찾지 마라	특정 분야 전문가의 이야기에 너무 의존하지 마라. 생각이 좁아질 수 있다. 다양한 분야, 서로 다른 관점에서의 이야기가 혁신적 아이디어를 낳는다.
사무실 밖으로 나가지 마라	사무실에서 멀리 떨어진 곳으로 나가면 기분 전환은 될 수 있다. 그러나 일과 관련한 아이디어는 일과 관련된 곳(사무실)에 있을 때 가장 잘 떠오른다.
바보 같은 말이라도 면박 주지 마라	때로는 바보 같은 이야기를 하더라도 면박 주거나 말을 끊지 마라. '혼나지 않는 것', '쉽게 할 수 있는 것'만 생각하게 된다. 진일보한 생각은 기대할 수 없다.
완벽하게 회의록을 작성하지 마라	회의에서 이야기되는 모든 것을 적으려 하면, 정작 손만 아프고 회의에 집중하지 못한다. 자신의 아이디어를 내고 상대방의 이야기를 듣지 못한다.

출처: 최병권(2008: 26에서 재인용)

무순환, 직무공모 등을 통해 조직원들이 다양한 직무를 경험할 기회를 제공하고 서로 교류할 수 있는 장을 마련할 필요가 있다.

이러한 상황에서 필연적으로 발생하는 '나쁜 갈등'을 제거하고 '좋은 갈등'을 촉진하는 것도 기관장의 역할이다. 나쁜 갈등은 감정적 갈등을 의미하므로 직원 간의 의사소통을 활성화하여 상호이해와 지식교환을 촉진하고 성과평가 시 개인주의가 발생하지 않도록 개인과 팀 성과를 균형적으로 평가하는 등의 방안을 강구할 수 있다. 좋은 갈등은 업무 과정에서의 건

창조적 성과창출을 위한 갈등관리

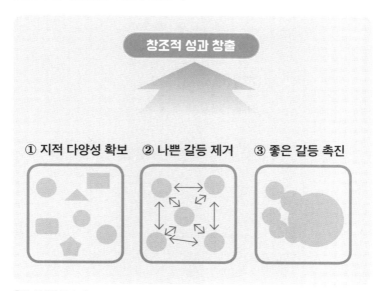

출처: 이상우(2010: 3)

강한 이견을 의미하므로, 기관장이 집단의 지배적 인식을 반대로 바라보기 위해 일부러 반대의견을 제시하는 '악마의 옹호자devil's advocate' 역할을 맡을 필요도 있다.

공공기관의 규모와 사업범위가 복잡해지는 만큼 조직 내 갈등관리를 위해서는 부서 간 수평적인 협력을 통해 문제를 해결하는 협력적 거버넌스collaborative governance 구축이 필요하다. 협력적 거버넌스는 자율적인 행위자와 조직 간 상호작용을 통해 기존 조직적 경계와 정책을 초월해 새로운 공공가치를 창조하는 새로운 사회문제 해결방식(Shegold, 2008)을 의미한다.

이를 실현하기 위해 공공기관장은 다음과 같은 리더십 역량을 갖출 필요가 있다(Goldsmith & Kettle, 2009).

- partnering_ 관련 당사자 간 네트워크를 형성하고, 조직 간 경계를 초월한 협력을 도출할 수 있는 역량
- influencing and negotiating_ 참여자들을 설득해 윈윈할 수 있는 능력
- interpersonal skill_ 참여자들을 배려하는 기술

- creativity and innovation_ 새로운 해결책을 제시할 수 있는 역량
- external awareness_ 최신 환경 변화를 실시간으로 파악하는 능력
- entrepreneurship_ 위험을 감수하고 실행에 옮기는 기업가정신
- problem solving_ 사회문제를 해결하는 역량
- conflict resolution_ 건설적인 방법으로 갈등을 해소하는 갈등관리 역량

집행기관 역할을 담당하는 공공기관은 경직되고 계층적인 구조를 갖기 쉬우므로, 기관장의 리더십 행사가 통제와 명령이 아닌 자립적 권한부여empowering가 되도록 하는 것도 중요하다. 권한부여는 단순히 권한을 나누는 것에 한정되지 않고 권한 공유를 통해 역량과 자율성을 높임으로써 대상 집단의 내재적 동기부여를 고양해, 결과적으로 성과를 제고하는 데 기여할 수 있음이 여러 연구에서 경험적으로 증명(Srivastave et al., 2006)된 바 있다.

특히 리더십 연구에서 권한 부여는 독립적인 행위 장려, 문제를 기회로 인식하는 능력 제고, 팀 협력 강화, 자기발전 촉진, 참여적 목표 설정, 자기보상 부여 등에 기여(Pearch & Sims Jr., 2002)할 수 있다.

공공기관장의 마지막 리더십 덕목은 '감성지능'이다. 인지적 능력으로서의 IQ는 일종의 필요조건적 성격을 갖는다고 할 수 있다.

우수한 과학자가 되려면 박사 학위를 취득할 수 있는 수준의 이성적 능력, 즉 IQ를 가지고 있어야 하지만 박사 학위를 취득한 이후에는 연구과정에서 겪는 난관을 헤쳐나가고 팀원과 연구 성과를 공유하는 감성지능을 갖추는 것이 높은 수준의 IQ를 갖는 것보다 더 중요할 수 있기 때문이다(Cherniss, 2000). 대니얼 골먼Daniel Goleman은 감성경쟁력Emotional Competence을 강조하는데, 감성경쟁력은 '감성지능에 기초해 업무의 탁월성을 성취할 수 있는 습득된 능력'을 말한다. 감성경쟁력은 분석적 추론이나 기술적 전문성을 의미하는 인지적 경쟁력cognitive competence과 달리 감성지능을 바탕으로 다른 사람의 감정을 읽는 감정이입empathy과 타인의 감정을 조절하는 사회적 기술social skill 능력으로 이루어진다(Goleman, 1998: 28).

  이런 점에서 다른 사람의 감정을 정확히 파악하고 감정을 통제하는 기관장의 능력은 공공기관의 혁신이 성과로 이어지도록 하는 중요한 요인 중 하나로 작용할 수 있다.

CHAPTER 2

공공기관의
혁신

공공기관 혁신은 어렵다
공공기관의 위기의식을 깨워라
직원이 아니라 환경을 바꿔보자, 공간혁신
정부부터 확 달라져야

공공기관 혁신은 어렵다

혁신의 되돌이표

———

어느 조직을 막론하고 혁신은 그 조직의 생존과 발전을 위한 필수요소이다. 급속히 변화하는 환경이나 여건의 변화에 적응하지 못하는 조직은 도태되며 미래도 기대할 수 없다.

공공기관 혁신은 포기할 수 없는 목표이다. 흔히 자율혁신은 이루기 어려운 공공기관의 영원한 꿈이라고 말한다. 새로운 정부가 출범할 때마다 공공기관의 혁신 또는 개혁을 주요 어젠다로 삼아왔다.

그동안 공공기관 혁신은 다양한 형태로 추진되었다. '국민의 정부'는 공기업 민영화와 구조조정 같은 하드웨어의 개혁과 함께 일하는 방식 같은 소프트웨어의 개혁, 고객중심 경영을 유도하기 위해 '공공기관 고객만족도 조사'제도를 도입해 실시하고 있다.

참여정부에서는 혁신의 내재화를 목표로 공공기관의 변화관리와 함께 '혁신평가제도'를 도입하고 전반적인 공공기관 운영 시스템의 개혁을 통한 자율책임경영체제를 정착시키기 위해 '공공기관 운영에 관한 법률'을 제정했다.

이명박 정부는 공공기관의 인력감축 및 통폐합을 통한 '공공기관 선진화'를, 박근혜 정부는 공공기관의 방만경영 해소와 공기업 부채감축을 목표로 공공기관의 혁신을 추진했다.

그 결과 나름대로 일정 부분 성과를 거두었다고 평가되기도 한다. 그러나 공공기관에 대한 국민의 비판은 여전하다. 경영혁신을 추진한다고 하지만 그때뿐 곧 제자리를 맴도는 현상이 반복된다. 복지부동과 인력과다 등 방만경영에 대한 지적이 끊이지 않고 공공기관의 도덕적 해이에 대한 비판도 여전하다. 왜 그런 것일까?

만성적 위기 결핍증

혁신은 혁신 주체가 스스로 필요성을 느껴야 시작된다. 혁신을 절실히 필요로 해야 한다. 다른 말로 하면 위기의식이 있어야 한다. 어느 조직이든 혁신은 위기의식에서 시작된다.

민간기업은 항시 시장의 치열한 경쟁에 끊임없이 노출되어 있어 생존에 대한 위기의식이 높다. 시장과 고객의 평가에 의해 기업의 운명이 좌우되고 생존이 결정되기도 한다.

내가 아무리 잘해도 경쟁기업이 더 잘하면 성공이 보장되지 않는다. 기업이 만든 물건을 고객이 사주지 않으면 기업은 망할 수밖에 없다. 아무리 좋은 물건을 만들고 영업을 열심히 하며 기업 활동을 잘 해나간다고 해도 소비자의 기호나 수요를 만족시키지 못해 시장에서 가치를 인정받지 못하면 살아남을 수 없다.

또 시장의 수요나 공급 여건이 바뀌면 아무리 성공한 기업이라도 변화해야 한다. 상장된 기업은 주식시장의 평가에 의해 매일매일 끊임없이 시장가치가 올라가기도 하고 내려가기도 한다.

궁극적으로는 고객이나 시장의 평가에 따라 해당 기업의 구조조정으로 연결되기도 하고 때로는 시장에서 퇴출되거나 다른 기업에 의해 합병되기도 한다.

이처럼 냉혹한 시장에서 기업들이 살아남고 지속적으로 성장하려면 어떻게 해야 할까? 농업적인 근면성으로 열심히 일하는 것만으로는 부족하다. 혁신이 필요하다.

법으로 보장된 생존

공기업은 그런 면에서 보면 혁신의 유인이라고 할 수 있는 동기 부여 요소가 매우 적다. 조직의 생존이 법으로 보장되어 있기 때문에 민간기업처럼 생존에 대해 걱정하지 않아도 된다.

공공기관은 대부분 많은 국민이 꼭 필요로 하는 필수 공공재화나 서비스를 공급하므로 수요가 보장되어 있다. 소비자인 국민 입장에서는 서비스에 불만이 있어도 사용하지 않을 수 없다. 노동조합 조직률이 높아 경영진이나 리더가 의지를 가지고 혁신을 추진하려 해도 벽에 부딪히기 일쑤다.

거기에 보수까지 안정적이다. 그런 상황에서 굳이 혁신하려고 나설 공기업이 과연 있을까? 괜히 혁신하겠다고 나섰다가 실패하면 지금까지 쌓아온 공든 탑만 무너뜨릴 것이다. 기본적으로는 공기업이 갖고 있는 이런 기본적인 속성과 상황들을 바꿔줘야 한다. 이를 위해서는 민간기업처럼 동기유발을 할 수 있는 새로운 메커니즘이 필요하다.

공공기관은 "혁신 DNA가 부족하다", "철밥통이다", "복지부동한다"라는 날선 비판을 받기도 한다. 공공기관들은 이러한 국민들의 곱지 않은 시선을 알고 있을까?

공공기관도 할 말이 많다. 공공기관은 정부의 지시나 감독을 받는다. 사사건건 물가에 내놓은 어린아이 취급을 받는다. 또 공공기관은 속성상 리스크 회피형이다.

국민이나 정부는 칭찬에 인색해 어쩌다 잘못하면 비난의 화살이 집중되고, 때로는 십자포화로 회복하기 어려운 상처를 입기도 한다.

기업은 생존 문제에 직면하면 살아남기 위해 혁신하기 시작한다. 공기업도 경영이 부실하면 민영화하거나 구조조정 및 통폐합 같은 일이 일어날 수 있다는 것을 지속적으로 알려줘야 한다. 그런 면에서 정부의 역할이 중요할 수밖에 없다.

공공기관의 위기의식을 깨워라

위기위식 불어넣는 '낙하산'

내부에서 위기의식이 부족하면 바깥에서 불어넣는 수밖에 없다. 인위적으로 외부에서 위기의식을 불어넣는 방법은 다양하다.

혁신을 실행할 때는 리더의 역할이 중요하다. 공공기관장의 자질 역량에 대해서는 여러 가지 의견이 있다. 내부 조직을 잘 이해하는 사람이어야 한다는 주장도 있고, 해당 기관의 업무 또는 기능에 대한 전문지식이나 경험이 중요한 자질이라는 주장도 있다.

하지만 내부 인물은 조직의 안정적 관리라는 측면에서는 강점이 있으나 조직의 이해관계에서 자유로울 수 없고 그만큼 안정적인 관리에 취약할 수 있어 변화와 혁신에 어려울 수 있다.

전문지식이나 경험을 가진 전문가의 경우에는 해당 분야 업무에는 강점이 있지만 조직관리 역량이 부족할 수 있고 시야도 전문 분야로 한정되어 제한적일 수 있다는 단점이 있다.

공공기관장을 외부에서 임명하면 소위 '낙하산'이라는 비판을 받기도 한다. 그러나 외부 기관장은 조직에 긴장감을 불어넣고, 기존 경영방침을 전반적으로 재점검하는 기회가 되기도 하기 때문에 무조건 꺼릴 필요는 없다. 공공기관은 속성상 안정지향적이고 리스크를 회피하려는 성향이 있어 외부 인사로 수혈하면 조직에 충격을 주고 적절한 긴장감을 불어넣을 수 있다.

외부 출신 관리자는 조직 내부에서 미처 보지 못한 외부 환경의 큰 변화 흐름을 감지하고 고객의 요구에 민감하게 반응하며 조직의 상태를 외부인의 객관적인 시각에서 합리적으로 진단할 수 있다.

변화와 혁신이라는 관점에서 보면 외부로부터 수혈되는 기관장의 자질은 변화와 혁신에 대한 의지와 역량을 필수적으로 고려해야 한다.

외부 출신 기관장은 해당 기관이나 조직에 위기의식을 일깨워 혁신의 시동을 걸고 인력이나 조직 등 혁신역량을 체계적으로 동원할 수 있는지 살펴야 한다. 또한 혁신의 틀과 도구를 적절히 활용할 줄 알고 이를 제도화할 수 있는 변화 및 혁신관리 전문가나 전략가 임명을 적극 검토해야 한다. 내부 출신 기관장이 계속 임명되었던 조직은 특히 더 그렇다.

공공기관에 위기의식을 불어넣기 위해서라도 외부의 시각에서 공공기관의 기능이나 역할을 주기적으로 재검토하는 작업은 반드시 필요하다.

내부 업무나 일하는 방식, 프로세스 등의 개선은 기관의 자체적인 노력으로 가능하다. 하지만 기관의 존립 문제를 스스로 검토한다는 것은 기대하기 어렵다. 시장의 평가를 대신해 객관적이고 중립적인 외부 전문가의 시각으로 시대적 여건이나 고객의 수요 변화 등 외부 환경요소와 함께 조직의 성과를 점검하고 존치 여부나 역할 변경, 구조조정, 다른 기관과의 통폐합 필요성을 검토해주어야 한다.

언제든 조직의 존폐 여부가 결정될 수 있다는 가능성은 공공기관에 적절한 긴장감을 유지시키고 내부의 자발적 혁신을 위한 동력으로 전환될 수 있다.

메기를 풀어놓다

공공기관이 혁신에 미진한 이유를 경쟁 부족에서 찾기도 한다. 공공기관은 필수 공공재를 독점적으로 공급하다보니 해당 시장에서 독점적인 지위를 누리는 경우가 많다.

경영평가를 통해 다른 공공기간과 경쟁을 한다고 하지만 업무 영역이 서로 다르고 고객도 상이하므로, 엄밀히 말하면 경쟁이라기보다 비교평가 성격이 강하다. 평가결과에 따라 성과급이 차등지급된다고 하지만, 시장의 평가에 따라 기관의 존속 여부나 생존이 결정되는 민간기업과는 조직 구성원들이 느끼는 위기의식에서 큰 차이가 있다.

미꾸라지만 살고 있는 연못에 메기와 같은 포식성 물고기를 풀어놓으면 어떤 현상이 생길까? 미꾸라지만 사는 연못은 메기에게 잡아먹힐 위험이 없으니 느긋하고 편한 세상이다. 편한 세상에 사는 미꾸라지는 비만증에 걸리거나 저항력이 약해져 병들기 쉽지만 메기와 함께 사는 미꾸라지는 항상 위기의식을 가지고 긴장하다보니 날렵해지고 근육이 단련돼 튼튼하게 자란다고 한다.

공공기관들끼리 경쟁하는 세상에 메기를 풀어놓으면 어떨까? 공공기관들이 독점하던 공공서비스 영역을 과감히 민간에 개방하고 경쟁해보자.

이미 공공부문에 이런 방식이 도입되고 있다. 정부는 1990년대에 한국교통공단이 독점해오던 자동차검사 업무를 민간에도 허용한 바 있으며 사회간접자본의 건설 및 운영에 민간투자제도를 도입한 바 있다. 이에 따라 고속도로를 건설하고 관리하는 업무는 더 이상 공공기관인 한국도로공사의 전유물이 아니다.

하수처리시설이나 발전소, 터널의 건설이나 유지보수 등 사회간접자본 부문에서는 민간투자가 이미 상당히 활성화되어 있다. 공공성 있는 업무를 민간에 허용한 것에 대해서는 평가가 엇갈릴 수 있다. 하지만 같은 업무라도 공공기관이 담당하는 것이 민간기업에 비해 신뢰성이나 서비스의 품질 면에서 뒤떨어지지 않는 것은 분명하다. 일정 부분 민간과의 경쟁에 의한 혁신 유도효과가 있는 것으로 보인다.

모든 공공서비스를 민간에 개방하는 것은 가능하지도 바람직하지도 않다. 하지만 민간 개방이 가능한 영역을 발굴해 최대한 넓혀나가도록 정책방향을 견지할 필요가 있다.

민간기업에 준하는 시장의 감시

민간과 직접 경쟁하는 것은 아니지만 공공기관의 운영을 민간기업에 준하는 시장의 감시와 평가에 노출시키는 방법도 있다. 최근 공공기관 개혁의 유력한 수단 중 하나로 부상하는 것이 혼합소유제 또는 상장공기업제도이다.

공기업의 형태를 유지해 공공성을 담보하면서도 시장원리를 확대 적용함으로써 공기업이 갖는 비효율성과 책임성 부족을 극복하는 것이 주요 목적이다.

상장 공기업은 증권시장을 통해 경영 상황이 주주들에게 투명하게 공개되며 기업의 가치도 주식시장을 통해 결정되고 주식이 거래된다. 정부 이외에 다양한 주주가 기업의 소유권을 가지고 경영에 참여하거나 감시자 역할을 하게 된다.

이는 전략적 제휴나 블록세일 등을 통해 특정 기업이나 개인에게 지분을 넘기는 것이 아니라 증권시장 상장을 통해 일반 대중에게 지분을 매각하고 거래한다는 점에서 정부의 부분소유 비상장 공기업과 구분된다.

이와 함께 상장 공기업은 정부 부분소유에도 불구하고 정부가 지배주주로서 지배권을 행사한다는 점에서 공기업적인 특성을 지닌다.

직원이 아니라 환경을 바꿔보자, 공간혁신

창의와 열정이 넘치는 효율적인 조직, 직원이 즐겁게 스스로 일하고 고객도 행복하게 만드는 조직은 모든 조직의 꿈이다. 공공기업이나 민간기업 모두 혁신을 위해 노력한다.

품질·고객·성과 관리, 6시그마 등 혁신기법을 도입하거나, 성공한 기업들의 경영기법을 차용하기도 한다. 이들은 대부분 조직 리더나 개인의 의식·행동 변화에 초점을 둔다.

하지만 이러한 변화가 뿌리내리지 못하고 일과성에 그치거나 제자리를 맴도는 경우가 허다하다. 새로운 시스템과 규정을 도입하고 제도화를 추진하지만 역시 겉돌고 형식화되기 일쑤다.

왜 이런 현상이 반복될까? 전통적인 혁신기법이나 이론은 대부분 적절한 상벌 등 외부 자극을 활용한 반복적 학습 등 행동과학에 뿌리를 두고 있다. 의식변화를 위해 끊임없는 지시와 토론, 교육, 워크숍을 반복하고, 행동변화를 이끌어내기 위한 인센티브와 패널티 시스템을 가동한다. 그리하여 혁신이 체질화되어 자동으로 작동한다고 평가되면 목표를 달성한 것으로 간주한다. 이른바 혁신의 내재화다. 그런데 과연 이것이 가능한가?

조직 혁신이 지속가능하려면 제도화만으로는 충분하지 않다. 조직 구성원의 일이나 업무에 대한 가치관과 일하는 방식, 문화가 바뀌어야 한다. 반복 학습에 의해서도 이러한 것이 이루어질 수 있다.

다만 시간이 많이 걸리고 불확실하다는 것이 문제다. 확실하고 지속가능한 변화는 구성원의 자발적인 참여가 관건이다. 직원을 개혁의 주체라고 하면서 대상으로만 보는 것은 아닌지 되돌아볼 필요가 있다.

창의력 죽이는 '붕어빵' 사무실

직원의 변화도 중요하지만 회사가 바뀌는 것은 어떨까? 자연스러운 혁신기법의 하나로 '공간혁신'이 주목받고 있다. 아무리 창의와 협업을 강조한다고 하더라도 정작 직원이 생활하고 일하는 여건이 그대로라면 한계가 있다.

심하게 이야기하자면 붕어빵같이 획일적인 사무실에서는 창의적 사고가 나올 수 없다. 칸막이로 둘러싸인 폐쇄적인 독서실에서는 협업이 싹틀 리 없는 것이다.

미국 샌프란시스코에 위치한 페이스북 본사는 축구장 9개 면적인 4만m², 높이 7m의 단층 건물이다. 하지만 부서를 나누는 벽 하나 찾아볼 수 없다. 세계 최대 원룸에서 수천 명의 직원이 함께 일하는 셈이다.

CEO의 방도 따로 없고 임원용 엘리베이터도 없다. 소통이 활발해서인지, 어디서든 회의가 이뤄진다. 뻥 뚫린 업무 공간이 생각의 장벽마저 자유로이 오갈 수 있게 한 것이다.

혁신이 문화로 승화되고 생태계로 자리 잡게 하려면 직원들이 자연스럽게 젖어들 수 있도록 일하는 공간과 환경을 바

뛰어야 한다. 벽과 칸막이를 허물고 사무실이 상하 좌우 유연하게 활용될 때 진정한 창의와 소통, 협업과 융합이 가능해진다.

구글 본사 사무실은 회사라기보다 놀이터처럼 보인다. 직원들은 특별한 자리 없이 아무 곳이나 자신이 일하고 싶은 장소와 시간을 직접 결정해서 일할 수 있는 업무 공간을 제공받는다. 업무에도 '프리스타일'이 적용되는 것이다.

하지만 자유롭게 일한다고 능률이 떨어지는 것은 아니다. 직원끼리 마음대로 모여서 회의나 세미나를 열기 때문에 업무와 새 프로젝트에 필요한 새롭고 독창적인 아이디어들이 매일 탄생한다.

사무실은 단순히 일하는 곳을 넘어 직원들이 생활하는 공간이다. 한국인들의 장시간근로는 세계에서 유례없을 정도로 유명하다. 인생 황금기 대부분을 사무실에서 지내는 직원들의 심리와 정서에 보다 주의를 기울여야 한다.

칸막이를 허물어 생긴 여유 공간을 새로운 수요에 맞춰 보다 효율적으로 재배치할 수도 있다. 물론 단순한 공간의 재배치가 아니라 최신 ICT 기술을 활용한 업무 시스템 재구축 작업도 필수적이다.

공간혁신은 조직과 문화를 바꿀 수 있다. 구글이나 페이스북 등 외국 사례를 들 것도 없이 가까이에서 쉽게 찾아볼 수 있다.

과거 CEO로 잠시 몸담았던 한국동서발전에서도 스마트 오피스 구축 등 공간혁신을 통해 일하는 방식과 함께 조직문화의 변화를 체험했다.

한국동서발전의 스마트오피스는 고정된 장소에서 일하는 방식에서 탈피해 IT 기술을 통해 언제 어디서나 효율적으로 일할 수 있도록 한 것이다.

부서 및 개인 칸막이를 제거해 고정 좌석제 대신 팀장 및 팀원의 유연 좌석제를 운영하고, 이를 위해 데스크톱 가상화, 유무선 통합전화, 클라우드 프린팅 시스템 등을 구축했다. 어느 자리에 앉아서든 업무를 볼 수 있도록 한 것이다. 관행에서 벗어나 다르게 생각하려는 노력의 결과물이었다.

이제 사무실에 대한 관념이 변해야 한다. 공간혁신을 위한 비용은 소모성이 아닌 회사의 생산성과 지속가능성을 높여주는 투자로 인식되어야 한다. 정부도 통제 위주로 엄격하게 적용되어온 공공기관의 청사나 사무실 기준을 보다 유연하게 운영할 필요가 있다.

　물론 공간혁신이 만능은 아니다. 기존의 다양한 경영혁신 노력들에 공간혁신이 더해진다면 효과성과 지속가능성이 더욱 높아질 수 있다.

한국동서발전에서 사라진 10가지, 생겨난 10가지

■ 한국동서발전, 공기업 최초 스마트 오피스 구현

• 사무실에서 사라진 10가지

한국동서발전은 울산 본사 이전을 계기로 클라우드 컴퓨팅Cloud Computing(각종
데이터를 중앙 서버에 저장하고, 사용자는 IT 기기를 통해 언제 어디서든 이용할 수
있음)과 FMCFixed Mobile Convergence(유무선 통합 서비스로 휴대전화 하나로 업무 전
화와 일반 전화가 가능)를 도입·정착시키며 스마트 오피스를 완벽히 구현했다는
평가를 받는다. 한국동서발전의 스마트 오피스엔 없는 게 10가지 있다.
우선 '내 자리'가 없다. 부장과 직원 자리 구분도 없다. 칸막이와 복도도 없고 서
류, 심지어 구내 유선전화마저 없어 사무실이 조용하다. 팬 소음으로 늘 귓가를
멍멍하게 하던 컴퓨터 하드디스크도 없고 캐비닛, 서랍장, 개인 옷장이나 비품
도 사라졌다. 무엇보다 직원과 상사, 직원과 직원 간 마음의 벽도 사라졌다.

• 업무효율 향상, 직원들의 이해·소통·협업 문화 생겨나

사라진 것이 있다면 새로 생긴 것도 있다. 언제나 소통할 수 있는 협업 공간이 확
대됐고, 여직원 휴게실을 비롯해 회의실, 업무에 지친 직원들의 머리를 식혀주
는 어메니티존, 공동 독서와 토론 공간, 외부 손님 접견 장소, 다른 직원 업무를
방해하지 않도록 배려한 방음설비를 갖춘 전화부스 등 많은 것들이 생겨났다.
개인 자리가 없다보니 협력이 필요한 타 부서 직원 옆에 앉아 근무할 수 있고, 협

업 공간이나 어메니티존 등에선 자유롭게 소통하고 토론할 수 있어 정부3.0의 핵심 가치인 개방·공유·소통·협업하는 문화가 자연스럽게 생겨났다. 이 같은 인프라스트럭처의 개방적 혁신이 스마트 오피스 도입 초기 저항하던 직원들의 마음을 얻는 데 성공 열쇠가 됐다.

• 국민과 24시간 소통, 열리고 공유하는 기업문화 이끌어

스마트 오피스는 직원들 간 벽만 허문 것이 아니다. 사내 전화와 휴대전화를 연계해 사무실에 있지 않더라도 언제 어디서나 국민과 대화할 수 있다. 회사 편의시설은 누구나 사용할 수 있도록 과감하게 개방했다. 체육시설 등은 동서발전 홈페이지(www.ewp.co.kr)에 접속하면 원클릭으로 신청할 수 있고, 신청 현황이 실시간으로 공개돼 사용 가능한 시기를 빠르게 파악해 대기시간을 최소화할 수 있다. 회사 1층 로비에 주민 쉼터로 조성한 카페는 이미 울산 혁신도시에서는 명소로 자리 잡아 사랑방 역할을 톡톡히 하고 있다.

찾는 사람이 늘어나면서 점심시간에는 회사 직원들의 이용이 어려워질 정도라 사측은 카페 공간 확대를 검토하고 있다. 사옥의 지역주민 공유는 국민과의 벽을 허물고 친밀도를 높이기 위한 것으로 본사 이전 설계 단계부터 검토되었다고 한다. 이러한 한국동서발전의 정부3.0 추진 노력은 딱딱하기만 했던 공기업 문화를 유연하고 똑똑하게 일하는 기업문화로 변화시키는 대표적 사례가 되고 있다.

– 매일경제 보도내용(2016.06.21.)에서 일부 발췌

https://www.mk.co.kr/news/special-edition/view/2016/06/442315/

정부부터 확 달라져야

자율혁신 막는 규제와 간섭

공공기관의 자율혁신을 가로막는 중요한 요인 중 하나는 정부의 규제와 간섭이다. 공공기관은 법령이나 정부의 지침에 따라 기관장 선임부터 예산운영, 조직 및 인사운영, 직원의 보수 등 경영 전반 거의 모든 면에서 기획재정부와 주무부처의 통제를 받는다고 할 수 있다.

정관 변경의 자율성이 없고 사업추진 가능한 영역이 경직되어 있으니 산업 간 융합이 이뤄지는 신산업에 진출할 기회가 제한된다. 정부의 각종 지침이나 규제 준수 여부, 경영실적

은 다른 비상장 기관들과 동일한 기준에서 정부의 평가를 받고 엄격하게 관리된다.

사업추진 절차도 까다롭다. 일정 금액 이상의 사업에 대해서는 정부의 예비타당성 검증을 통한 승인 절차를 거쳐야 하는데, 입찰사업 등 시급한 의사결정이 요구되는 사업에 대해서는 사업추진 불가 사태를 초래하기도 한다. 이는 기관의 업무적 부담 증가를 초래해 경영활동은 더욱 위축시킬 수밖에 없다.

이사회의 독립성 부족도 문제다. 얼마 전 한국전력에 대한 소송 사례에서 보듯이 상장된 공기업에 대한 소액주주들의 목소리가 갈수록 커지고 있다. 이들의 자구적인 권리보호 노력이 확산된 것은 이들의 이익이 정부정책과 이를 따르는 경영진에 의해 부당하게 침해되고 있다는 인식에서 출발한다.

상장 공기업 경영진의 의사결정을 감시하거나 견제하는 이사회의 독립성이나 전문성이 충분하지 못하고, 현재의 공운법에 의한 이사회 구성원 선임 및 운영제도가 이를 충분히 뒷받침해주지 못한다는 비판이 있다.

지시 없으면 움직이지 않는 진짜 이유

정부의 간섭이나 통제가 심할수록 경영 불확실성은 커지게 마련이다. 포괄적인 감독권한을 가지고 있다는 이유로 법령이나 명시적인 지침이 아닌 관행에 의한 지시나 규제, 보이지 않는 경영간섭이 행해진다면 더욱 문제가 된다.

설립 근거 법률에 "○○부 장관은 ○○기관을 관리 감독한다"라는 한 줄의 규정을 가지고 알파부터 오메가까지 간섭하는 일이 흔하다. 해당 공공기관의 경영에 관한 이사회의 활동이 법령에 의해 보장되어 있음에도 사전에 안건과 내용을 보고하도록 하고, 이에 대해 의견을 제시하는 일은 이사회의 독립성을 약화시키고 책임경영을 위태롭게 하는 주요 원인으로 지적되고 있다. 공공기관이 "지시가 없으면 움직이지 않는다"는 비판은 상당 부분 정부가 원인을 제공하는 경향이 있다.

정부가 먼저 바뀌면 어떨까? 이를 위해서는 공공기관에 대한 수많은 지침을 대폭 축소할 필요가 있다. 정부가 행하는 유무형의 내부 행정 규제나 지시, 보고요구 등을 일괄조사해 목록을 만들어보자.

법령에 근거가 없거나 모호한 규제, 불필요한 사항은 과감히 정리해야 한다. 꼭 필요한 것만 법령화하거나 규정화하여 공공기관 운영의 불확실성을 최소화해야 한다.

구두에 의한 지시나 업무 개입은 금지되어야 한다. 지시나 보고, 단순한 자료 제출 요청도 반드시 서면화된 정식 공문을 통해 이루어져야 하며 정부는 무형의 지시를 하고 공기업이 책임지는 일이 반복되어서는 안 된다.

정부혁신 전략의 대전환

윤태범(한국지방행정연구원 원장)

한 정권이 마무리되는 시점에서 정부혁신의 성과를 평가할 때 왜 국민은 낮게 평가할까? 공무원들은 피로감을 호소할 정도로 열심히 했다는데, 왜 국민은 이를 인정하지 않을까? 정부혁신에 대한 홍보 부족을 지적하는데, 과연 이것만이 주된 이유일까?

기본적으로 정부를 포함한 공공부문 전반에 대한 국민의 신뢰도가 낮다. 이런 현상은 우리나라만이 아니라 다른 선진국들도 공통적으로 직면하고 있는 난제 중의 난제다. 공공부문에 대한 국민의 불신은 생각보다 심각하다. 국민은 정부가 국민과 관계없이 존재한다고 생각한다. 국민이 위기에 처해 있을 때 공무원들은 가까이 없고, 공무원들이 국민의 마음을 제대로 읽지 못한다고 생각한다. 이런 생각들을 가볍게 볼 일이 아니다.

정부혁신도 불신의 대상이다. 국민도 공무원 이상으로 정부혁신을 경험했다. 하지만 정부가 여전히 변하지 않았다는 것을 알게 됐다. 정부혁신은 여전히 국민과 상관없이 진행되고 있다. 그동안 왜 좋은 정부혁신 성과들이 없었겠는가? 정부혁신이 국민의 마음에 와닿지 않은 탓이다.

뷔페식당의 모든 음식이 고객의 눈에 들어오는 것은 아니다. 겨우 몇 가지 음식만 맛볼 뿐이다. 우리는 수많은 요리로 가득 찬 뷔페식당에서 느끼지 못하는 만족을 몇 가지 음식밖에 없는 동네 작은 식당에서 누린다. 식당 주인의 반가운 인사에서 기쁨을 누리고, 소박하지만 정갈한 음식에 만족하며, 부족한 반찬을 알아서 챙겨주는 마음에 고마워한다.

국민이 원하는 정부는 거창한 정부가 아니다. 모든 것을 해주는 정부도 아니다. 국민들의 처지를 제대로 알고, 국민의 불편함을 먼저 이해하며, 국민과 함께하는 정부를 원한다. 국민과 가까운 정부 말이다.

정부혁신이 무엇인지, 왜 필요한지, 어떻게 해야 하는지에 대한 깊은 고민이 필요한 시점이다. 진실로 정부혁신을 고민하자. 정부와 공무원, 전문가 들의 눈이 아닌, 국민의 눈을 통해 정부혁신을 보자. 그래야 비로소 종전과 다른 정부혁신이 제대로 보일 것이다.

역대 정부에서 항상 정부혁신 활동이 있었다. 당연히 많은 성과도 창출했다. 당시 시각으로 보면 분명히 최선이었을 것이다. 그러나 종전과 같은 방식의 정부혁신이 지금도 계속 유효한 것은 아니다. 시대가 변하고 생각이 달라졌다.

종래의 정부혁신은 법과 제도, 조직, 시스템, 운영체계 등에 주로 집중했다. 당시 기준으로 의심할 여지없이 핵심적인 정부혁신 영역들이다. 그런데 국민들의 평가는 박했다. 대부분 국민의 체감도가 낮은 것이 주된 원인일 것이다. 정부 입장에서는 대단한 혁신을 했지만, 국민들은 그렇게 평가하지 않는다. 정부는 정부혁신을 통해 보기 좋은 그릇들을 만들었다고 만족해하지만, 정작 그릇에 담을 내용은 소홀히 했다. 국민들은 보기 좋은 그릇보다 그 속에 담긴 것을 보고 싶어 했다.

혁신을 제대로 추진하기 위해서는 국민들의 생각을 제대

로 알아야 한다. 실상을 제대로 보아야 한다. 우리의 정부혁신은 과연 실상을 제대로 반영했을까? 실상은 수면 위가 아니라 아래에 더 많이 존재한다. 수면 위로 드러난 것은 전체의 일부에 불과할 뿐이다. 불행히도 우리는 수면 아래는 잘 살펴보지 않았다. 수면 위만 보고서 아래도 위와 같다고 생각했다. 수면 위만 보고 세운 혁신계획이 실패하는 것은 당연하고, 국민의 마음을 얻지 못하는 것 또한 당연하다.

수면 아래는 어두워서 애쓰고 보지 않으면 제대로 볼 수 없다. 넓은 주차장을 갖춘 아파트에서 생활하면 차 한 대 들어가지 못하는 좁은 골목길의 집을 가볼 일이 없다. 주차대행을 해주는 식당에서는 식사를 해도, 함바 식당에서 식사할 일이 없다. 새벽 첫차를 탈 일이 없다. 반지하에서 하루 종일 재봉틀을 돌리는 봉제공의 아픈 허리를 알 길이 없다. 우리는 아침에 깨끗하게 청소된 사무실을 이용할 뿐, 이른 새벽에 지저분한 방을 깨끗하게 청소한 사람이 누군지 알지 못한다. 그럼에도 수면 아래를, 그들을 안다고 말한다. 그리고 그들을 위해 혁신한다고 주장한다. 우리는 우리가 만족하는 혁신을 했을 뿐이다.

혁신은 버리는 데서 시작된다. 그동안 우리는 얼마나 제대로 버렸을까. 진작 버렸어야 할 기득권을 더 깊숙한 곳에 감추었다. 혁신하겠다면서 제대로 버리지 못했다. 정부만이 아니다. 공기업, 사기업, 학교, 정치권, 법원, 언론, 유치원 등 기득권을 내려놓지 못한 곳이 한두 군데인가? 기득권을 버려야 비로소 수면 아래를 제대로 볼 수 있다. 그런데 우리는 그동안 묵은 것들을 걷어내는 '버림의 혁신'이 아니라, 묵은 것들을 혁신의 이름으로 켜켜이 오랫동안 쌓은 '퇴적의 혁신'을 했다.

정부가 기득권이고, 공무원이 기득권이고, 법과 제도, 절차가 기득권이었다. 혁신 전문가들조차 기득권이었다. 이들의 잘못이 아니다. 우리도 모르는 사이 기득권이 되었다. 혁신 대상인 기득권이 혁신 주체가 되었다. 대상이 주체가 되지 못하는 법은 없다. 그러나 혁신 대상이 진정한 혁신 주체가 되기 위한 필요조건은 기득권을 버리는 것이다. 기득권이 유지되는 혁신은 국민의 지지를 받기보다는 냉소주의만 강화할 뿐이다.

반복적으로 퇴적의 혁신이 이루어지는 동안, 정부 존재의 근거이자 정당화의 주체가 되어야 하는 국민은 오히려 혁신과정에서 배제되었다. 국민 참여가 강조되었지만, 그것조차 혁신의 주체가 아니라 형식이었다.

지금 문재인 정부는 국민이 주인인 나라, 국민이 주인인 정부를 위한 정부혁신을 말하고 있다. 이를 위한 방법으로 사회적 가치를 제안했다. 그래서 정부혁신의 주체로서 국민을 말하고, 국민이 체감하는 혁신을 강조한다. 국민을 정부혁신의 주체로 설정했기 때문에, 국민의 참여도 종전과 같은 형식적 참여가 아니라 실질적 참여를 강조한다. 기득권을 버리는 혁신을 강조한다. 혁신다운 혁신을 하려고 한다.

새로 취임하는 대통령은 헌법정신 위에서 새롭게 이끌어갈 국정운영을 위해 많은 고민을 한다. 새 대통령에게는 수많은 국민의 기대와 여망이 담겨 있고, 당장 풀어야 할 현재진행형 숙제들이 있으며, 다가올 미래를 준비해야 할 책임이 있다. 대통령의 시간에는 과거와 현재, 미래가 공존한다. 무엇 하나 소홀히 할 수 없다.

그러나 이 많은 과제가 모두 일관된 것은 아니다. 서로 충돌하는 과제도 있다. 충돌되고 모순되는 국정과제를 동시에 실천하는 것 또한 대통령의 숙명이다. 이 국정과제들은 대통령과 소수의 장관들만으로 해결할 수 없다. 많은 정부조직과 공무원, 정치권, 기업과 국민이 함께 풀어가야 한다. 그러나 생각이 제각각이다. 생각하는 모든 것이 다르다고 해도 과언이 아니다. 그래서 대통령은 국정과제들을 효과적으로 추진하기 위해 집권 초기에 국정가치를 정립한다.

문재인 정부는 국정운영을 이끌어가는 중요한 전략의 하나로서 사회적 가치를 제시했다. 사회적 가치는 정부혁신의 핵심적 방향이자 전략이기도 하다. '사회적 가치'는 사회·경제·환경·문화 영역에서 공공의 이익과 공동체 발전에 기여하는 가치이자 내용이다. 사회적 가치는 경제적 효율뿐만 아니라 공공성을 강화하고 공동체적 가치의 회복과 실천을 달성해 국민이 누리는 삶의 질을 높이고 진정한 사회경제적 발전을 이루는 것을 목적으로 한다.

사회적 가치 중심의 정부혁신은 이와 같은 사회적 가치를 지향하고 실천하는 수단으로서의 정부혁신을 의미한다. 따라서 여기에는 전통적 의미의 정부혁신만이 아니라, 새로운 가치와 전략, 그리고 내용들이 포함되어 있다는 점에서, 종전의 정부혁신과 비교하여 상대적으로 확장된 것이다. 여기에는 다음과 같은 몇 가지 특징이 있다.

먼저 '정부혁신의 혁신'을 강조한다. 종래의 정부혁신이 정부 중심의 혁신으로서 조직과 구조, 인력, 운영체계에 중점을 두었다면, 사회적 가치 지향적 정부혁신은 혁신적 정부가 수행해야 할 정책의 내용과 시민이 받을 서비스의 질, 삶의 질을 강조한다.

둘째, '정부혁신의 본질'에 접근하고자 한다. 정부혁신이 필요한 이유는 정부의 존재 가치 혹은 정체성에 대한 증명 때문이다. 정부 등 공공부문에 대한 국민의 신뢰가 낮은 상태에서는 정부의 정책들이 성공하기 어렵다. 국민의 입장에서 각종 정책과 서비스가 추진될 수 있어야 한다. 사회적 가치를 지향하는 정부혁신은 정부가 아닌 국민의 입장에서, 국민이 주체가 되는 정부혁신을 강조한다.

셋째, '정부와 시민사회 간의 균형적 상호협력에 기초하는 혁신'을 강조한다. 정부혁신은 오랫동안 정부(공무원)와 제한된 전문가들의 전유물처럼 인식되었다. 정부가 국민을 위해 존재하듯 정부혁신도 국민의 관점에서 추진되어야 한다는 점에서, 정부혁신은 폐쇄적이고 독점적인 관점이 아니라 개방적이고 공유의 관점에서 추진되어야 한다. 정부혁신이 시민사회와 함께 추진되어야 하는 이유다. 이런 점에서 사회적 가치 지향적 정부혁신은 사회혁신을 중요한 혁신의 기반이자 동반자로 인식한다.

넷째, 시민사회의 일상에서 이루어지는 혁신(사회혁신)은 시민사회 스스로 지역사회와 공공의 문제를 해결하고자 하는 노력의 일환이다. 이미 정부의 활동과 상관없이 많은 지역사회에서 자발적인 노력으로 공공 문제를 해결하고 있다. 에너지 자립마을을 실천하거나 공동육아를 실시하는 지역들이 대표적인 예다. 이 사회혁신의 아이디어, 노력, 사례, 그리고 성과들은 전국적 사례로서, 정부 정책으로 확장되고 있다. 지역사회의 수많은 사회혁신 노력은 국민 주도적 정부혁신의 가장 중요한 기반이다.

혁신은 익숙한 문제인식, 생각, 행동, 구조, 체계 등을 버리는 것이니 어렵다. 그러나 익숙함을 버리지 못하는 가운데 이루어지는 혁신은 기존의 관성적 익숙함에서 벗어나지 못하는 것이니 혁신이라고 할 수 없다. 외관만 그럴듯할 뿐이다.

정부혁신은 정부 내외부에서의 익숙한 것들에 대한 문제제기에서 출발한다. 문제인식이 선행되지 않는 혁신은 성립하기 어렵다. 가장 바람직한 것은 정부와 공무원이 자발적으로 문제인식을 하는 것이다. 문제인식 정도에 따라 정부혁신의 강도가 결정된다. 문제인식이 약하다면 혁신에 대한 인식 또한 약할 수밖에 없다.

그런데 국민과 공무원 간에는 문제인식 면에서 큰 간극이 존재한다. 공무원의 인식에 근거하면 정부혁신의 필요성이 낮다. 그러나 국민의 인식에 기초하면 정부혁신의 필요성이 높다. 누구의 문제인식에 근거한 정부혁신이 필요할까?

제대로 된 정부혁신은 정부의 존재 가치에서 출발한다. 즉 국민의 눈과 문제인식을 통해 정부의 존재 가치를 확립해야 한다. 문재인 정부는 국민 중심의, 국민 주도의 사회적 가치를 실현하는 정부혁신을 강조하고 있다. 정부혁신이 단순한 정부의 혁신에 머무는 것이 아니라, 국민의 삶의 질을 높이고 무너진 공동체적 가치를 복원하며 국민다운 국민이 되도록 기여하는 데 방향을 두었다. 사회적 가치가 정부혁신의 핵심적 가치이자 전략으로 설정된 이유다.

혁신은 고귀하고 바람직하지만, 뜻대로 되지 않는 것이 현실이다. 혁신이 성공한 경우보다는 실패한 경우가 더 많다. 그래서 혁신의 반복이 필요하니, 혁신은 끝이 없다. 혁신 과정은 혁신적 생각 – 혁신적 계획 – 혁신적 실천 – 혁신적 성과로 정리할 수 있다. 그러니 혁신 과정은 혁신 장애물을 넘는 과정이기도 하다.

혁신의 생각과 계획이 제대로 실천되기 위해서는 수많은 장애물을 넘어야 한다. 예산이 확보되어야 하고, 실천할 인력과 조직이 필요하다. 적극적으로 지지하는 사람들도 필요하다. 이들이 제대로 확보되지 않으면 혁신은 계획에만 그칠 뿐이다. 혁신계획이 실천단계에서 무너지고 만다. 따라서 혁신의 장애물을 걷어내고, 혁신의 선순환 고리를 만드는 것이 절대적으로 필요하다. 우리 주변에 어떤 장애물들이 버티고 있는지 제대로 살펴야 할 것이다.

정부혁신은 교과서 안이 아닌 삶의 현장에서 이루어져야 한다. 국민이 현장에 있으니 정부도 현장 지향적이어야 한다. 현장에서 문제를 보고, 현장에서 해결할 수 있어야 한다. 현장에 있는 국민의 상황, 문제인식, 기대감을 제대로 확인할 수 있어야 한다. 그러나 현장에 가까이 갈수록 정부의 힘만으로 할 수 없는 것이 너무 많다. 국민과 함께해야 문제를 제대로 풀 수 있다. 사회적 가치를 지향하는 정부혁신은 현장 중심의 혁신을 강조한다. 국민 중심의 혁신, 국민이 체감하는 혁신을 의미한다. 현장의 문제는 거창한 것이 아니라 아주 작은 것인 경우가 많다. 작은 혁신은 작은 것이 아니다. 큰 혁신은 작은 혁신의 총합이라는 점에서, 작은 혁신을 소홀히 하면 큰 혁신을 기대할 수 없다. 작은 혁신의 소중함을 알고, 이 작은 혁신들이 제대로 뿌리내릴 수 있도록 해야 한다.

정부혁신은 장거리 마라톤과 같다. 장거리 마라톤에서 결승선을 통과하기 위해서는 수많은 단거리 구간을 성공적으로 지나야 한다. 빨리 달려야 하는 구간이 있고, 조금 쉬면서 달려야 하는 구간이 있다. 전 구간을 전력으로 질주하기란 불가능하다. 결승선을 통과하기 위해서는 전략적 구상이 필수적이다.

우리나라의 정부혁신 사이클은 대통령의 임기와 연동되어 5년이다. 5년의 사이클로 정부혁신을 계획하고 추진해야한다. 그러나 아쉽게도 5년의 사이클이 존재하지 않는다. 우리는 늘 정부혁신을 위해 주어진 시간은 단 2년이라 단정하고, 2년이 지나면 정부혁신에서 손을 터는 일들이 반복되었다. 1~2년의 단거리 마라톤 후 3년 이상의 휴지기가 존재해왔다.

쉬는 3년 동안 혁신동력은 상실되고 혁신사업들은 약화된다. 정부혁신을 위해 정부에 주어진 시간은 2년이 아니라 5년이지만 우리는 그동안 5년을 충분히, 제대로 활용하지 못했다. 이젠 제대로 된 5년의 그랜드 정부혁신 사이클을 만들고, 이 사이클을 정상화시켜야 한다. 그리고 5년의 사이클 속에서 1년 단위 작은 정부혁신 사이클들이 전략적으로 만들어져야 한다.

모든 혁신이 그렇듯이, 정부혁신 과정도 힘들 수밖에 없다. 기존의 익숙한 것들과 멀어져야 하고, 경우에 따라서는 이익도 포기해야 한다. 혁신을 통해 달성하고자 하는 미래도 불확실하다. 혁신활동에 몰입해도 눈에 띄는 성과가 없으면 정부 내에서 비판을 받고, 언론도 이를 지적한다. 혁신 참여자에게는 피로감이 쌓인다. 혁신은 자발적이고 재미있어야 한다. 그러나 혁신이 늘 재미있을 수는 없다. 그러나 분명한 것은 혁신 과정과 성과를 통해 참여자들이 보람과 쾌감을 느낄 수 있어야 혁신활동을 지속적으로 할 수 있다는 사실이다. 혁신에 참여하는 것이 의미 있음을 인식하고, 보람을 느끼며, 조직 내외부에도 적극적으로 자랑할 수 있어야 한다.

혁신 참여자들에게 혁신활동에 대한 자부심을 심어줄 수

있어야 한다. 이를 위해서는 무엇보다 정부 안팎에 만연한 혁신의 냉소주의를 극복해야 한다. 혁신 냉소주의가 만연한 상태에서 추진되는 정부혁신은 형식에 그치기 십상이다. 이런 상황에서 혁신을 강조하면 오히려 혁신 냉소주의가 강화된다는 점에서, 혁신을 하지 않는 것이 차라리 바람직하다. 혁신을 가로막는 장애물은 적극적으로 걷어내고, 혁신을 촉진할 수 있는 촉매제는 더욱 늘려야 한다.

영양분 없는 땅에서 새싹이 자랄 수 없듯이, 혁신의 풍토가 없는 곳에서는 혁신이 자랄 수도, 생존할 수도 없다. 혁신의 풍토를 조성하기 위해서는 무엇보다 리더의 역할이 중요하다. 새로운 시각으로 문제를 인식하고, 시도를 허용하며, 리더 스스로 혁신에 앞장서야 한다. 리더가 기존의 틀과 구조를 선호한다면 어떤 구성원이 새로운 혁신적 제안과 시도를 할 수 있겠는가?

정부혁신이 정부만을 위한 혁신에 머무는 것이 아니라면, 진정한 혁신의 힘은 정부 내부가 아니라 정부 밖, 즉 시민사회에서 나온다. 시민사회는 진공 속에 존재하는 것이 아니라 말 그대로 삶 그 자체다. 삶만큼 민감한 것은 없다. 정부혁신이 국민의 삶을 바꾸는 데 있다면, 혁신은 당연히 국민의 삶에서 출발해야 한다. 즉 시민사회에서 출발해야 한다. 시민사회에서 시작된 혁신의 노력과 성과들이 정부로 투입되어 하나로 결합되어야 한다.

우리는 다양한 틀을 만들고, 그 안에서 많은 것을 판단한다. 그런데 이 틀이 함정이라는 것을, 이 함정이 우리가 다른 생각과 다른 선택을 하지 못하도록 막고 있음을 잘 모른다. 우물에서 하늘을 올려다보면 하늘은 작고 둥그런 원 모양이다. 그러나 우물 밖에서 보는 하늘은 끝없이 넓으며, 어디서 보는가에 따라 그 모습이 달라진다. 혁신은 우물 밖으로 나오는 것과 같다. 우물에서 나오지 못한다면 혁신은 불가능하다. 생각조차 할 수 없다.

문재인 정부가 추진하는 사회적 가치 지향적 정부혁신은 우리가 빠진 줄도 모르고 있는 '혁신의 함정'에서 빠져나오기 위한 시도다. 깊은 우물에서 빠져나오기 위해 만든 사다리가 바로 '사회적 가치'인 셈이다. 그렇기 때문에 사회적 가치는 새로운 정부혁신을 위한 수단이자, 전략이자, 방향이다. 문재인 정부의 정부혁신은 사람 혁신이며, 공동체 혁신이며, 가치 혁신이다. 이를 위해서는 틀에 갇히지 않은 사람이 필요하다. 늘 현장을 살피고, 새로운 시도를 하고, 그러면서도 균형감을 잃지 않는 사람들이 함께한다면, 정부의 혁신은 물론 국가의 혁신도 어렵지 않을 것이다.

CHAPTER 3

공공기관의
성과관리

말도 많고 탈도 많은 '공공기관 경영평가'
자율 보장하되, 책임 묻는다
평가를 평가하고 검증한다

말도 많고 탈도 많은 '공공기관 경영평가'

경영평가에 쏟아지는 비판

공공기관 운영과 관련해 '공공기관 경영평가'만큼 말 많은 제도도 없다. 경영평가에 대한 비판이나 지적은 공공기관이나 전문가로부터 나온다. 심지어 일반 국민들의 여론도 호의적이지 않을 때가 많다.

공공기관 경영평가에 대한 비판은 크게 평가지표의 타당성, 즉 '평가지표가 과연 평가할 것을 제대로 반영하고 있는가?' 하는 문제부터 평가과정의 공정성과 전문성 문제, 평가결과의 활용에 이르기까지 다양하다.

공공기관의 불만이 가장 크다. "경영평가에 치여 본래 해야 할 일을 제대로 하지 못한다"고 한다. 그만큼 부담이 많다는 이야기다. 적지 않은 인원으로 경영평가 전담 조직을 두고 1년 내내 경영평가 업무에 매달려야 한다는 것이다.

기관에 따라서는 경영평가의 기초자료가 되는 경영실적 보고서를 보다 잘 작성하기 위해 많은 비용을 들여 외부 전문가에게 용역을 의뢰하는 경우도 있다고 한다. 규모가 작은 공공기관은 도저히 엄두도 내지 못하는 일이다.

평가과정에서 평가단의 공정성이나 전문성에 문제를 제기하기도 하고 평가결과를 수긍할 수 없다는 기관도 적지 않다. 개별 공공기관의 업무를 제대로 이해하지 못하는 비전문가가 평가한다는 비판도 있고, 경영평가를 담당하는 평가단의 횡포나 태도, 자질을 문제 삼기도 한다.

또한 경영평가가 기관의 업무특성이나 규모 등에 따른 차별성을 제대로 반영하지 못한다는 비판도 제기된다. 공공부문 노동조합은 평가결과에 따른 성과급 규모가 너무 크고 지급 격차도 커서 공공기관이나 조직구성원 간의 갈등을 부추긴다고 한다.

또한 매년 6월경 경영평가 결과가 발표될 때마다 언론은 "적자가 나는 공기업도 성과급 잔치를 벌이도록 경영평가가 이를 합리화해준다"고 비판의 날을 세운다. 심지어 경영평가는 기획재정부와 평가단이 경영간섭하는 통로 역할만 하는 백해무익한 제도이므로 폐지해야 한다는 주장까지 있다.

시험을 봐야 공부 더 열심히 해

경영평가에 대한 이러한 비판은 상당 부분 근거가 있다. 또 일정 부분 사실이기도 하다. 사실상 기획재정부를 비롯한 정부부처의 공공기관에 대한 감독은 거의 전적으로 '공공기관 경영평가제도'에 의존하고 있다고 해도 과언이 아니다.

공공기관들에 대한 정부의 각종 정책 요구사항이나 지시, 지침 등은 경영평가를 통해 이행 여부가 확인·점검된다. 임금 가이드라인 준수 여부는 물론 인력운영 및 재무관리의 적정성, 윤리경영 및 고객만족 경영 성과와 함께 중소기업·혁신제품·장애인 생산품 의무구매, 지역인재 등 형평적 인재채용, 비정규직의 정규직 전환 등 정부 권장 정책 이행실적 등을 빠짐없이 확인할 수 있다. 여기에 주무 정부부처가 공공기관에 위임·위탁한 사업의 성과도 경영평가를 통해 평가된다.

이러한 평가결과에 따라 해당 기관의 경영평가 성과급이 결정되고 경우에 따라서는 기관장의 해임으로까지 연결된다. 공공기관들이 경영평가 때문에 '숨을 쉬기도 힘들다'고 하는 것이 지나치게 느껴지지 않는 이유다.

그렇다면 경영평가를 폐지하는 것이 바람직한가? 또 가능한가?

몇 년 전 공공기관 정책을 총괄하는 공공정책국장을 역임하고 퇴직한 선배가 들려준 말이 생각난다. 공무원을 그만둔 이후 공공기관장으로 부임해 경영평가를 받으면서 평가단으로부터 질문을 받았다고 한다.

"공공기관을 감독하는 위치에 있다가 지금은 경영평가를 받는 위치로 바뀌었는데, 경영평가를 받는 것이 힘들지 않습니까?"

그 선배는 이렇게 대답했다고 한다.

"막상 공공기관을 맡아보니까 정말 힘듭니다. 그래도 '학생은 역시 시험을 쳐야 공부를 더 열심히 한다'라는 것을 새삼 느끼게 됩디다."

자율 보장하되, 책임 묻는다

효율은 높이고 방만경영은 잡는다

앞에서도 언급한 것처럼 공공기관의 특징 중 하나는 국민이 주인이자 고객이라는 점이다. 그러나 여기서 국민은 구체적인 실체를 가진 것이 아니라 상당히 추상적인 개념이다. 이에 따라 주인 입장에서 공공기관의 경영자(운영자)들이 제대로 경영하는지 감시·감독하기가 더욱 어렵다.

또한 고객인 국민 입장에서 공공기관의 서비스가 제대로 이루어지는지 평가하는 것도 힘들다. 만일 그대로 둔다면 무슨 일이 벌어질까? 지금도 고질적인 문제로 지적되는 '방만경영'이나 공공서비스의 품질 문제는 더욱 심각해질 것이 명약관화하다. 그래서 공공기관의 지배구조에는 주인인 국민과 공공기관 사이에 '정부'가 존재하는 것이다.

이러한 정부가 공공기관의 방만경영을 방지하는 가장 손쉬운 방법은 사전적 통제다. 업무계획이나 예산편성과 집행, 인사관리 등 공공기관의 모든 경영활동을 사전에 정부의 승인이나 허가를 받도록 하고 이러한 승인사항이 제대로 이행되는지 감사를 통해 확인하고 조치하는 것이다.

그래도 여전히 문제는 남는다. 국민을 대신한다는 정부는 과연 역할을 제대로 할 수 있을까? 혹시 주인인 국민의 이익이 아니라 정부 또는 공무원의 이익에 따라 권한을 남용할 수도 있지 않을까?

또 이런 철저한 사전적 통제는 절차를 보다 복잡하게 만들고, 직접 또는 간접적으로 이에 필요한 비용을 더욱 증가시킬 가능성이 있다. 공공기관은 근본적으로 정부의 일을 보다 효율적으로 하기 위해 설립되었다. 이래서는 차라리 공공기관을 없애고 정부가 직접 수행하는 것이 낫다.

공공기관이 정부보다 더 효율적으로 일하게 하면서도 '방만경영' 문제가 생기지 않도록 하는 방안은 없을까? 그래서 거론되는 개념이 자율·책임경영 시스템이다.

공공기관이 민간기업과 같이 효율적으로 일할 수 있도록 경영상 자율을 최대한 보장하고 결과나 성과에 따라 보상을 하거나 책임을 묻도록 하자는 것이다.

사실 방만경영 등 경영진의 도덕적 해이 문제는 주인과 고객이 분명한 민간기업의 경우에도 완벽하게 풀기 어려운 과제다. 그래도 상당 부분은 시장에 의한 감시나 평가에 의해 이러한 문제가 해소된다.

1984년 첫 도입 후 진화 거듭

———

공공기관 경영평가를 '필요악'이라고 지적하는 사람들도 있다. 문제점이 없는 것은 아니지만 버릴 수는 없다는 것이다. 막대한 세금이 투입되는 조직을 마냥 자율에만 맡겨놓을 수는 없기 때문이다.

보다 근본적인 차원의 개편이 필요할지도 모른다. 근본적인 변화 없이 말단 지엽적인 부분만 평가하겠다고 나서는 것은 아닌지 반성해야 한다.

어쨌든 공공기관 경영평가제도의 본질은 '자율경영'과 '책임경영'이다. 자율과 책임을 보장하고, 공공기관은 거기에 합당한 책임을 지면 된다.

'경영평가제도'는 정부투자기관을 대상으로 1984년에 처음 도입되어 진화를 거듭해왔다. 경영평가는 공공기관의 자율·책임경영체제 개념의 핵심 요소다.

경영평가제도는 공공기관에 대한 사전적 간섭이나 감독을 최소화하여 자율경영을 보장하고 성과평가를 통해 사후 책임을 묻고 보상한다는 취지로 도입되었다.

기관별 경영목표나 지표는 정부 또는 공공기관과의 협의를 통해 사전에 설정하고 사후 경영평가를 통해 확인·점검한다. 또한 이러한 경영평가는 역시 대리인에 불과한 정부에 맡기는 것이 아니라 민간 전문가로 이루어진 '경영평가단'에 맡기자는 것이 주요 골자다.

공공기관이 존재하는 한, 공공기관의 자율·책임경영을

보장하기 위해서는 어떠한 형태로든 '평가'제도가 필요하다. '경영평가'에 대한, 앞서 언급한 선배의 답변이 다시 생각나는 이유다.

평가를 평가하고 검증한다

올바른 경영평가제도 개선 방향

─────

"평가지표에 없는 일은 하지 않습니다."

언젠가 한 공공기관 직원으로부터 이런 말을 들은 적이 있다. 상당히 충격적이기도 했지만 한편으로 여러 생각을 하게 했다. 공공기관 경영평가의 부정적 행태를 보여준다고 생각할 수도 있지만 다른 한편으로는 그만큼 공공기관 경영평가가 중요하다는 말이기도 하다.

많은 논란에도 불구하고 공공기관 경영평가는 중요하다. 실제 공공기관의 경영활동 대부분이 경영평가를 의식하고 이루어진다. 경영평가가 필요하고 중요하다면 문제를 고쳐서 쓸 수밖에 없다.

물론 경영평가제도가 도입된 후 수많은 제도가 개선되었고 대부분 긍정적인 방향으로 이루어졌다는 점은 평가해줄 만하다. 하지만 아직도 개선의 여지가 적지 않다.

다른 것은 다르게

공공기관 경영평가제도 개선의 첫 단추는 '다른 것은 다르게 평가해보자'는 데서 시작된다. 사실 공공기관은 정도의 차이는 있지만 모두 다르다. 같은 기관이라면 설립할 필요도 없을 것이다. 그래도 비슷한 기관이라면 통폐합 등 그 기능이 조정되어야 한다.

평가대상 공공기관의 유형을 보다 세분화할 필요가 있다. 공기업의 유형에 시장형, 준시장형을 넘어 상장 공기업을 추가하고, 준정부기관은 기능이나 업무성격을 분석해 재분류하고 평가지표를 대폭 차별화함으로써 공공기관의 입장에 꼭

맞는 '맞춤형 평가'라고 받아들일 만한 수준으로 재설계해야
한다.

상장 공기업의 경우에는 주식시장의 가격 등 평가결과를
활용하고 경영관리 성격의 평가지표를 대폭 축소하거나 주요
사업의 평가사항을 최소화하는 것도 검토해야 한다.

경영평가는 시장에서 하기 힘든 공기업의 공공성, 사회적
책임 위주로 최소화하는 것이 필요하다. 이들 기관의 인력증
원이나 예비타당성조사 등 정부의 사전적 간섭이나 감독을 최
소화하는 것은 물론이다.

할 일을 제대로 하는지

─────

'견지망월見指忘月'이라는 말이 있다. 달을 보라고 손으로 가리켰
더니 손가락만 본다는 뜻으로, 본질을 외면한 채 지엽적인 것
에 집착한다는 의미다.

공공기관으로서 해야 할 일은 잊어버린 채 평가지표만 바
라보는 격이 되어서는 안 된다. 경영평가가 공공기관으로 하

여금 평가에 매몰되어 정작 공공기관 본연의 설립목적, 역할을 잊어버리는 일은 없었는지 되돌아보고 할 일을 제대로 하는지 평가해야 한다.

경영관리적 요소는 공공기관이 제 기능을 하도록 도와주는 보조적 또는 수단으로서 의미를 갖는다. 경영관리 평가지표의 비중은 현재보다 축소되어도 문제없다. 평가의 객관성 유지에 집착해 정량적 지표를 우선시하고 이들의 비중이 지나치게 확대된 면은 없는지 검토해야 한다.

'공공성'은 공공기관이 포기할 수 없는 가치다. 사회적 형평이나 민주성, 경영윤리, 정부 권장정책 등 공공성 관련 지표를 한데 묶어 별도의 평가부문으로 분리하고 비중을 대폭 강화해야 한다.

열린 경영평가로 만들자

경영평가에 대한 공정성 시비나 평가결과에 대한 불신은 상당부분 기획재정부와 전문가 위주의 폐쇄적인 평가제도 운영에서 비롯된다.

정부 내 공공기관의 주무부처는 평소 공공기관과 업무상 직간접적으로 밀접한 관계여서 때로는 과도한 간섭으로, 때로는 지나친 유착관계로 비판받기도 했다.

이에 따라 경영평가제도 도입 초기에는 '제 식구 감싸기' 등 관대화 경향이 있는 주무부처의 역할을 최소화하고, 정부부처 내에서 보다 중립적인 위치에 있는 기획재정부의 역할을 확대하며, 외부 전문가의 힘을 빌려 '평가의 객관성'을 확보하려 한 것은 일부 불가피한 측면도 있었다.

하지만 제도가 성숙되고 안정된 시점이라는 점을 고려할 때 경영평가제도의 지속가능성을 높이기 위해서라도 평가제도 운영에 주무부처나 공공기관을 비롯한 외부 참여를 대폭 확대할 필요가 있다. 열린 경영평가로 만들어야 한다.

해마다 평가제도 운영에 대한 방향설정에서부터 지표의 설계, 평가 실시단계, 이의신청 및 처리, 결과에 대한 보상방안 결정 등 모든 단계에서 소비자 등 시민단체, 정부 주무부처, 공공기관의 역할을 확대해야 한다. 단순한 소통이나 의견수렴을 넘어 개방과 참여를 제도화해야 한다.

특히 평가과정이나 결과에 대한 공공기관의 '이의신청' 처리 문제가 중요하다. 공공기관의 이의신청 처리는 단순히 공공기관의 억울함을 해소해준다는 차원을 넘어 '경영평가제도의 개선이나 발전'을 위해서도 소중한 자원으로 활용될 수 있다. 경영평가단은 평가제도의 속성상 평가과정 전반에 걸쳐 공공기관에 대해 우월한 지위를 가질 수밖에 없다.

따라서 공공기관의 합리적인 이의제기도 평가단에 의해 묵살당하고 공공기관은 어디에도 호소할 곳이 없는 상황이 발생할 가능성이 있다. 하지만 이의신청에 관한 한 '경영평가단'은 심판자가 아니라 '피심판자, 피평가자'가 되어야 한다. 평가를 평가하고 검증한다는 각오로 경영평가단 외부에서 공공기관의 이의신청을 처리할 수 있도록 절차를 제도화해야 한다.

평가는 끝이 아니라 시작

경영평가는 해당 기관의 경영 전반에 걸쳐 광범위하게 이루어진다. 지표에 따라 긍정적인 결과도 있지만 때로는 부정적인 평가결과도 포함되어 있다.

긍정적이든 부정적이든 간에 평가결과는 해당 기관의 경영개선이나 혁신에 소중한 자원으로 활용될 수 있다. 실제 경영평가를 수행했던 경영평가단은 평가과정과 평가결과의 해석과 진단, 조언을 위한 가장 확실한 역량을 가지고 있다.

하지만 경영평가단은 그 인원이 제한적이어서 실제 활동할 수 있는 여력이 부족하므로 자문그룹을 활용할 수 있다. 경영평가단을 지원하는 외곽 조직으로 경영평가 초기에 외부 '자문그룹'을 위촉해 운영하고, 경영평가 과정에서 평가에 대한 자문 등을 통해 평가단과 긴밀히 소통하도록 한다. 또한 평가가 끝난 뒤에도 공공기관에 대한 경영자문을 체계적으로 지원할 수 있도록 경영평가단과 함께 자문그룹을 조직화하여 '공공기관 경영컨설팅그룹'을 제도화하는 것도 검토할 만하다.

기승전 공공기관 경영실적평가

김완희(가천대 경영학과 교수)

한시漢詩의 전형적인 구성은 도입부에서 시의 주제를 불러 일으키고起, 이야기를 순조롭게 이어가다承, 예기치 못한 흐름으로 전환되었다가轉, 원래 의도한 주제로 끝난다結. 시작과 끝은 서로 맞닿아 있되 중간중간 볼거리를 제공해주는 자연스러운 스타일이다.

요즈음 유행어 중에 '기승전 치킨'이란 말이 있다. 어떤 상황에서도 결국은 치킨이라는 뜻으로, 국민 먹거리 치킨의 인기를 말할 때도 있고 무슨 직업을 택해도 결국 직업의 종착역은 치킨집 사장이라는 한탄이기도 하다.

공공기관의 임직원과 관련 전문가들의 대화에서 '기승전

평가'라는 표현을 들을 때가 있다. 경영실적평가의 중요성을 웅변하기도 하지만 '모로 가도 서울만 가면 된다'는 식으로 기관의 모든 역량을 평가점수 올리는 데 쏟는 묻지마 세태를 보는 것 같아 안타깝기도 하다.

　필자는 2006년 당시 기획예산처 공공혁신본부의 김용진 총괄과장을 만났다. 참여정부의 중반부쯤으로 기획예산처는 공공부문 혁신의 컨트롤타워였고 총괄과장은 실무를 총괄하는 자리였다. 참여정부는 '일 잘하는 정부'를 표방해 무리한 하드웨어 개혁이 아닌 내부혁신을 통한 고객(국민)감동이라는 소프트웨어 혁신에 주력했다. 딱딱하지 않고 부드럽게 바꾼다니 어려움이 없을 것이라는 예단은 완벽한 착각이었다. 중앙정부 주무부처의 주요 산하기관 지휘권이 상당 부분 기획예산처로 옮겨졌다. 기관의 신설 및 기능조정, 기관장 및 임원의 인사, 성과급 결정 등 중요한 내용들이 기획예산처 공공기관운영위원회의 심의를 거치게 된 것이다. 주무부처와 산하기관의 상상도 할 수 없는 반대 목소리가 있었음에도 불구하고 큰 무리 없이 이러한 혁신을 만들어낸 숨은 공로자 중 한 사람이 김용진 당시 총괄과장이다.

김 과장님의 첫인상은 다소 생소했다. 기획예산처 소속 공무원의 전형은 깡마른 체형에 무테안경 너머로 반짝이는 시선, 그리고 약간 시니컬한 말투였다. 여러 부처의 거센 예산요구에 철통같은 태세로 국고를 수비하다보니 그렇게 진화되었을 것이다. 세계적인 골키퍼 혹은 메이저리그의 사이영상 투수들의 모습이다.

김과장님은 2002년 월드컵 4강 신화의 안방마님 이운재 골키퍼와 비슷한 인상이었다. 싸늘한 무테안경을 썼지만 동네 이장님의 정겨운 눈빛, 중부지방 특유의 반 박자 느린 어투, 어젯밤 회식자리의 주종은 와인이 아닌 막걸리였을 것이라는 합리적 의심을 주는 등.

공공기관의 혁신을 위한 핵심 과제는 공공기관운영에관한법률(이하 공운법) 제정과 공공기관 혁신문화 내재화였다. 공운법의 첫 단추는 법의 대상인 공공기관의 정의와 공공기관의 유형 구분이었다. 누가 보아도 공공기관이라고 할 수 있는 설립 근거법을 가진 기관부터 보조금, 용역계약 등을 통해 정부와 직간접적으로 관계를 맺고 있는 실질적인 공공기관까지 법 적용 대상을 정하는 문제는 참으로 '지도에 없는 길' 그 자체였다. 몇 명의 인원을 투입해 얼마나 걸릴지도 모를 일이었다. 예산실 베테랑으로 국고가 어디까지 흘러가는지 정확히 파악하고 있던 과장님은 부처가 도저히 피해갈 수 없는 조사표를 만들어 600여 개에 달하는 공공기관 리스트를 단숨에 확보했다. 그러고는 며칠 뒤 시장성과 업종을 조합한 공공기관 분류기준 초안을 제안했다. 겉모습과 달리(?) 민첩성과 통찰력이 빛을 발했다. 이후 기관 유형별 맞춤형 지배구조 설계 등 공운법의 핵심 내용은 일사천리로 진행되었다.

　　공공기관 혁신을 위한 주요 정책수단은 혁신평가였다. 당시로는 초유의 규모인 250여 개 공공기관에 대한 평가를 실시했다. 경영실적평가와 별도로 법적인 근거가 확보되지 않은 상황에서 제도를 운영했는데, 평가단의 규모와 구성도 역대급이었다. 중차대한 업무여서 총괄과가 직접 담당했던 것으로 기억된다. 팀제, 직급 파괴, 결재 단계 축소, 학습조직 등 기존 관행과 질서를 파괴적으로 개혁한 혁신 조치들에 대해 상당한 저항이 있었다. 여러 언론의 헤드라인에 '혁신 피로감'이라는 말이 단골손님으로 등장했을 정도다. 특유의 친화력과 뚝심으로 소위 '대과大過 없이' 힘든 상황을 헤쳐나가던 김 과장님의 모습이 생생하다. 요즈음 공공기관 중견간부와 혁신에 참여했던 전문가들을 만나면 그때 혁신이 참 기억에 많이 남는다는 말씀을 하신다.

개인적인 경험담 한 가지를 소개하고자 한다. 평가가 잘 마무리되고 집계결과를 기획예산처에 전달해 평가단의 업무가 실질적으로 종료되었다. 당시 평가단 막내간사였던 필자의 주 임무는 평가단과 기획예산처 간의 연락이었다. 첫 번째 공공기관 혁신평가를 마무리하고 대통령이 주재하는 기관장 연찬회를 준비할 즈음이었다. 그 주관은 오롯이 기획예산처의 몫이었다.

어느 날 아침 전화 연락을 받고 과장님 체구에 맞지 않는 낡은 소형차에 동승해 도착해보니 대통령 비서실이었다. 혁신담당 수석비서관에게 평가결과 등을 보고하는 자리였다. 통상 반백의 권위 있는 단장급 외부 전문가가 배석하는 것이 관례일 터인데 40대 초반의 미숙련 교수가 눈치도 없이 시키는 말만 하지 않고 짧은 지식을 설파했다. 그 자체를 혁신으로 보셨는지 호기를 이해하셨는지 호랑이로 유명한 수석비서관 보고는 잘(?) 마무리되었다. 진한 긴장의 기회를 주신 김 과장님께 감사드린다. 그날 이후 불시의 유사 상황에 대비해 늘 꼼꼼한 자료와 명확한 논리를 곁에 두려 애쓰고 있다.

본론으로 돌아와서 공공기관 경영실적평가 이야기를 좀 더 해보자. 전교 일등, 수석 합격생이라도 시험을 좋아하는 학생은 없을 것이다. 준비하는 과정이 고난의 과정인 데다 공부한 것과 달리 엉뚱한 시험 문제가 나오기도 하고 더군다나 엄친아들과 시험성적이 비교되는 것은 치명적인 부담이다. 하지만 제대로 된 시험 문제를 만나면 자신의 부족함을 알고 고쳐나가는 계기로 삼기도 한다. 공공기관의 경영실적평가도 마찬가지다. 기관들은 매년 평가를 받는다. 일반적인 시험과 달리 시험범위 및 예상문제가 이미 《경영평가편람》이라는 책자로 만들어져 있다. 이 과정에는 수험생인 공공기관의 개별적인 특성을 반영할 수 있는 기회도 주어진다.

가끔은 공공기관이 적극적으로 추진해야 할 공통의 시험 문제(정부정책과제)가 톱다운 방식으로 주어지기도 한다. 객관식에 가까운 계량실적평가와 주관식에 가까운 비계량실적을 혼합해서 평가한다. 평가결과는 언론에 공표되고 상당한 금액의 성과상여금으로 이어지며, 낙제 등급을 받는 경우에는 기관장의 해임권고까지 발생하기도 한다. 대형 공공기관 간부급의 경우 최고등급과 최저등급의 차이가 중형차 한 대 값이라는 이야기가 있을 정도로 평가결과가 초미의 관심사이기는 하다.

이러한 공공기관 경영평가의 목적은 공공기관의 자율·책임경영체제를 확립해 공공성과 경영효율성을 높이고 경영개선이 필요한 사항에 대하여 전문적인 컨설팅을 제공해 궁극적으로 대국민 서비스를 개선하는 것이다. '기승전 평가'가 대국민 서비스 개선으로 이어지면 바람직하겠지만 묻지도 따지지도 말고 평가점수를 높게 받아 성과급을 두둑이 받는 것에만 집중한다면 참으로 답답한 노릇이다. 매년 결과에만 치중해 경쟁이 과열되면 국가와 국민의 관점에서 장기적인 건전한 성장 발전과 관계없이 보여주기식 전시 행정의 경연장이 될 가능성이 높다. 묵묵히 최선을 다하는 기관, 불가피하게 정부정책사업을 감당해야 하는 기관, 신성장동력을 찾기 위해 위험을 감수하는 기관들은 빛을 보지 못할 가능성이 있는 것이다.

    공공기관 경영평가가 본격화된 지 30년이 넘었고 그동안 여러 시행착오 및 다양한 시도로 발전적 진화를 했음에도 불구하고 기관의 평가 수용성이 크게 향상되지 않은 이유는 무엇일까? 첫째, 정부 내에 상존하는 평가만능주의이다.

    공공기관들이 경영평가 결과를 중시하고 기관 경영의 A부터 Z까지 경영평가와 연계하는 현실에서, 정책을 설계하고 집행을 관리하는 공무원들은 자신이 만든 정책을 경영평가의 평가항목으로 반영하는 것을 지상목표로 삼는 경향이 있다.

    정책을 법제화하는 것보다 경영평가 점수로 반영하는 것이 효과가 훨씬 더 크다고 생각하는 것 같다. 예전에는 정부가 정책을 만들면 원활한 실행을 담보하기 위해 사전조사를 철저히 하여 세밀한 지침을 만들고 시범사업을 통해 부족한 점을 보완하고 사업시행 과정에서도 상시 모니터링하는 정성을 기울였다.

    하지만 요즘은 정책설계와 동시에 경영평가에 반영하면 모든 과정이 일사천리로 진행되므로 경영평가가 무소불위 전가보도로 인식된다. 공공기관은 평가점수를 잘 받기 위해 다소 어설프거나 정교하지 않은 정책도 실행할 수밖에 없다. 그러나 정책의 현실성, 실효성 등은 담보할 수 없는 것이다.

둘째, 전문가집단 내에 상존하는 평가형식주의이다. 그 배경에는 평가단의 전문성 발휘에 장애가 되는 환경들이 존재한다. 기관의 평가부담을 완화한다는 취지에서 평가지표의 외형적인 숫자가 줄고, 이에 따라 평가단의 절대 규모도 축소되는 추세다. 실질적인 평가분량은 그대로인데 투입 인원은 줄어 부담이 늘어났다는 뜻이다.

한편 평가단과 기관의 유착 위험을 방지하고자 평가단 구성을 다양화하고 단기간 임기의 강제화, 기관과의 접촉기회 제한 등 외형적인 공정성을 강조하고 있다. 보통 10개 이상의 공공기관을 평가해야 하는 상황에서 3년의 제한적 임기와 기관과의 부족한 논의 기회에서는 평가위원의 전문성 축적을 기대하기 어렵다. 또한 위에서 언급했듯이 기관과 평가단이 상호협의한 평가내용 외에 정부가 정책적인 목적에서 반영시킨 평가내용의 비중이 증가함에 따라 평가위원이 평가에 주체적이고 적극적으로 임할 동기부여가 약해지고 있다.

이러한 상황에서 평가단은 기관이 공감하는 장기 발전방향을 제시할 시간과 역량이 부족하고, 결과적으로《평가편람》

의 문구에만 맞추어 기계적으로 평가할 가능성이 커진다. 실적평가 보고서는 기관별 특성을 반영한 컨설팅보다는 기관 간 '줄 세우기'의 객관성을 담보하기 위한 공통 내용이 주를 이루고, 결과적으로 기관의 수용성 저하로 이어질 수 있다.

공공기관 경영평가가 우리나라 공공기관의 발전에 큰 몫을 한 것은 국내외 모두 인정하는 바이다. 그럼에도 불구하고 맞춤형 평가, 평가 부담 완화, 기관 자율성 보장, 평가단 전문성 제고 등에 대한 요구가 계속되고 있다. 이를 위해 몇 가지 방안을 제시해본다.

첫째, 기관 간 과열경쟁의 열기를 식혀야 한다. 기관의 모든 자원을 평가결과에 올인하는 것은 바람직하지 않다. 특히 인력과 예산에서 상대적으로 여유가 없는 강소형 기관의 경우, 과열경쟁의 폐단 및 대형 기관에 비해 좌절감이 상당한 수준에 이를 것으로 예상된다. 단기적인 조치로 평가의 후속조치 강도를 완화하는 것을 고려할 수 있다. 평가상여금의 절대 규모와 등급 간 차등 폭을 조금 줄이고, 기관장 해임권고와 같은 극단적인 인사조치도 매우 제한적으로 발동해야 할 것이다.

둘째, 이사회의 감독 권한 및 책임을 강화한다. 이사회의 구성 목적은 주주인 국민을 대신해서 기관의 경영진을 견제·감독하는 것이다. 평가단은 1년에 몇 달만 한시적으로 운영되고 기관이 제출하는 실적보고서에 전적으로 의존하지만 이사회는 연중 가동되면서 기관의 중요한 의사결정에 참여하고 관련 정보를 언제든 취득할 수 있는 권한이 있다. 즉, 기관의 경영상황에 대하여 평가단보다 정보우위에 있을 수 있고 경영에 보다 밀접하게 간여할 수 있다. 따라서 이사회의 독립성과 전문성을 보다 제고하고, 더 나아가 내부 자체평가를 도입하는 방안을 고려할 수 있다. 예를 들어 전략, 인사, 조직, 재무 등 기관 공통 핵심경영 기능에 대해서는 기획재정부(외부평가단)에서 평가지침을 작성하고 실제 평가는 해당 기관 이사회에서 자체평가하는 방안이다. 이러한 조치를 취하면 이사회 구성의 본래 취지도 살리고 외부 경영평가의 부담 완화와 전문성 부족 문제도 해소될 것으로 기대한다.

이 대목에서 다시금 김용진 과장님을 떠올린다. "교수님, 선물 보따리 좀 풀어놓으세요." 외부 전문가 자문회의 때 과장님이 종종 사용하던 표현이다. 모르는 것도 밤새워 공부하도록 만드는 묘한 힘이 있었다. 김 과장님은 이후 대변인, 예산실 국장 등 요직을 두루 거치고 몸소(?) 공공기관의 기관장으로 체험학습을 마친 뒤 평가를 총괄하는 기재부 제2차관직을 수행하셨다. 평가 실무지원을 총괄하다 직접 공공기관에서 선수로 뛰어보기도 하고 다시 총감독 역할도 해보았으니 평가제도의 개편 혹은 개선에는 김용진 차관님의 지혜가 특효약이 될 것이다. 영유아 관련 예산 국회에서 아이들 걱정에 눈물을 보이신 하이터치의 리더십이 무개념 무한복제가 성공 방정식이 된 디지털 세상에서 간절히 요망되는 인재상이다. 조금은 정교하지 않더라도 정책당국, 공공기관 그리고 평가단이 모두 공감할 수 있는 따뜻한 경영평가를 기대해본다.

CHAPTER 4

공공기관의
사회적 가치

공기업은 국민의 신뢰를 먹고 산다
공공기관 앞장서서 동반성장 이끈다
공정한 경쟁이 국가 경쟁력을 높인다
복잡한 사회문제에 대한 새로운 해결책
국민을 안아주는 따뜻한 포용 혁신

공기업은 국민의 신뢰를 먹고 산다

윤리 문제가 곧 생존의 기반

우리는 가습기 살균제 사건으로 수백 명의 희생자가 발생한 사실을 기억하고 있다. 제품의 위해성을 알고도 사실을 숨겨 온 혐의로 국내외에서 대규모 불매운동까지 일어났다.

한 글로벌 자동차회사는 차량 배출가스 조작 혐의로 국민들을 분노케 하고 사실상 국내시장 퇴출에 가까운 제재를 받았다.

기업의 도덕성 문제는 소비자의 신뢰도 하락과 국민적 공분을 사는 데 그치지 않고 회사의 존립 위기를 초래하기도 한다.

두말할 나위 없이 오늘날 기업의 윤리 문제는 바로 기업의 생존기반이라고 할 수 있다.

윤리경영은 기업의 지속성장을 위한 필수 경영 요소로서, 최근에는 윤리 준수를 넘어 적극적인 사회적 책임 및 환경경영 실천 등의 중요성이 대두하고 있다.

OECD를 비롯한 국제기구들은 1990년대 후반부터 윤리 라운드 형성을 통해 윤리경영 표준화를 시도하고 있으며, 국내적으로도 기업 윤리에 대한 인식이 강화되었다. 법적 하자가 없는 경영활동조차 국민정서나 사회적 책임과 충돌할 경우 지탄의 대상이 되기도 한다.

그렇다면 공기업의 경우는 어떨까? 민간기업은 99번 실패하다가도 한 번 성공으로 기업과 종업원을 10년, 100년 먹여 살리고 영웅이 되기도 한다. 하지만 공기업은 99번 성공하더라도 단 한 번 실수하면 실패자로 낙인찍힌다.

공기업은 국민이 주인이자 고객인 그야말로 국민의 기업이다. 국민과 날마다 접촉하고, 정책과 서비스를 전달한다.

기업 내부 이익이 아니라 국민의 이익을 위해서 일해야 한다. 공기업의 존재 이유를 판단하는 제1의 기준은 국민이다.

공기업은 결과도 중요하지만 과정이 그 이상으로 중요하다.

목적이 아무리 훌륭해도 그 수단을 정당화시켜주지 않는다. 투명성과 함께 윤리·도덕성, 절차의 민주성을 갖추어야 한다. 이윤을 많이 냈다고 해서 무조건 칭찬받는 것도 아니다.

공기업의 성과는 형평성이나 공정성 등 사회적 가치와도 잘 맞아야 한다. 사회적 책임경영이나 지역사회 또는 중소기업과의 동반성장 등이 중요한 경영과제로 취급되는 것도 같은 이유다.

공공기관과 도덕성

공기업에 도덕성은 무엇보다 중요한 가치이다. 국민은 공기업에 엄격한 도덕적 기준과 높은 윤리수준을 요구한다. 사회를 선도하고 모범을 보이길 기대한다.

기대가 크면 실망도 큰 법이다. 공기업이 국민의 기대를 저버린 것도 모자라 변명과 책임회피에 급급한 모습을 보인다면 국민은 실망을 넘어 배신감과 분노를 느낀다.

공기업이 윤리경영에 실패하면 치유하기 어렵다. 아무리 훌륭한 경영성과를 계속 내고 평판이 좋더라도 도덕성에 흠결이 생기면 묻혀버린다. '공든 탑이 무너지고' '십년공부 도로아미타불'이 되기 십상이다. 이전보다 열배, 백배 노력해도 무너진 신뢰는 회복하기 어렵다.

공기업은 국민신뢰를 먹고 산다. 국민신뢰에 조금이라도 문제가 생기면 그 자체로 위기이다. 세계가 놀란 한강의 기적을 이룬 대한민국, 그 경제번영을 묵묵히 뒷받침해온 공기업의 역할은 칭찬받아 마땅하다. 하지만 과거의 성과가 공기업의 도덕성 문제, 사회적 책임을 가볍게 해주지는 못한다. 한시도 안심할 수 없고 긴장해야 하는 이유다.

과거에 필자가 근무했던 한국동서발전이 최근 울산화력의 소포제(거품제거제) 등 해양오염물질 배출 문제로 크게 이슈가 된 바 있다. 누구보다 엄격한 도덕성을 갖추고 솔선수범해야 하는 공기업으로서 국민과 지역사회에 큰 걱정을 끼쳤다는 사실만으로도 무거운 책임감을 느낀다.

그 일을 계기로 환골탈태하겠다는 각오로 발전소의 환경관리를 혁신해나간 경험도 가지고 있다. 모든 업무를 국민의 눈으로 재점검해 조금이라도 미심쩍은 요소가 있다면 바로 고쳐나가는 등 근본적인 대책을 추진해 안심하고 믿을 수 있게 만드는 것이 중요하다.

이제는 이윤과 효율이 아니라 사람의 가치, 공동체의 가치를 지향하도록 국가 시스템을 바꾸어야 할 때다. 배제와 집중의 세상에서 포용과 다양성의 세상으로, 경제적 가치를 넘어 공동체와 미래 세대까지 끌어안는 세상을 만드는 데 공기업의 역할이 새롭게 조명될 필요가 있다.

공공기관 앞장서서 동반성장 이끈다

일방적 베품 아닌 상생

경기부진으로 많은 사람이 힘들어하고 있다. 관련 산업분야 소재 지역에는 더 큰 고통으로 다가온다. 그동안 대·중소기업 간 협력과 상생을 중심으로 추진되어온 동반성장 정책도 새로운 방향을 모색해야 할 때다.

대통령직속 지역발전위원회 등 정부가 추진해온 '지역전략산업 육성' 정책과 지방 이전 공공기관의 핵심역량을 활용한 지역경쟁력 강화 전략, 산업구조조정 정책 등의 '지역상생형 동반성장 전략' 추진이 필요하다.

이러한 점에서 지방 이전 공기업인 한국전력을 비롯한 전력 공기업들의 지역밀착형 발전전략은 눈여겨볼 만하다. 한국전력은 지방 이전과 함께 전력·에너지 분야 기업을 나주 혁신도시에 유치해 에너지 분야 실리콘밸리로 육성하는 계획을 추진하고 있다.

한전이 에너지 신사업이라는 비즈니스 모델 제시와 함께 맞춤형 인력양성 교육 등 각종 지원방안을 추진하고, 지자체는 기업에 대한 각종 세제지원을 약속했다. 그 결과 133개 기업과 이전협약을 맺었고, 이 중 69개사가 용지계약 및 입주를 완료한 것으로 알려졌다.

지역상생형 동반성장을 위해서는 무엇보다 동반성장에 대한 인식전환이 필요하다. 동반성장은 일방적으로 베푸는 시혜가 아니다. 지역사회와 중소기업은 대기업이나 공기업의 성장을 가능케 하는 토양이며 터전이다. 동반성장은 여기에 거름을 주는 일이다. 기름진 옥토에서 키운 작물이 튼튼하고 건강한 것은 당연한 진리다. 공기업 스스로 건강하게 지속성장하기 위해 꼭 필요하다.

함께 해야 멀리 간다

지역상생형 동반성장은 스스로 소통하고 변화·발전해 살아 있는 산업생태계를 구축할 때 비로소 가능하다. 산업생태계는 새로운 부가가치가 창출될 수 있어야 지속된다. 과거와 같은 물량위주의 성장전략은 더 이상 유효하지 않다.

지역의 특화된 핵심역량을 바탕으로 창의와 협업, 융합을 통해 새로운 부가가치, 비즈니스 모델을 만들어내야 한다. 지역특화형 비즈니스 모델은 새로운 지역성장동력을 창출해 지속성장을 가능케 한다.

지역사회 주체인 기업과 학계, 연구·지원기관 등의 원활한 소통과 협업은 필수다. 지역사회의 요구와 자원, 역량, 경제·산업 여건 등에 대한 활발한 토론을 통해 추진 방향을 공유하고 원하는 해법을 도출하기 위한 시스템이 중요하다.

'함께 해야 멀리 간다'는 자세로 중소기업 및 지역사회와의 협력·상생을 통해 울산이 과거의 영광을 되찾는 작은 밀알이 되기를 소망한다.

공정한 경쟁이 국가 경쟁력을 높인다

물질문화와 비물질문화의 문화지체 현상

———

"대한민국은 왜 그렇죠?"

주영한국대사관에서 재경관으로 근무할 당시 외국 외교관으로부터 이런 질문을 받은 적이 있다. 질문의 요지는 '대한민국이 경제수준은 세계 10위권인데, 부패지수는 여기에 미치지 못하는 이유가 뭐라고 생각하는가?'였다. 갑작스럽고 난처한 질문에 당황하면서 물질문화와 비非물질문화 간의 변화속도 차이로 인한 부조화 현상을 뜻하는 '문화지체Cultural lag'라는 교과서적인 답변으로 마무리 지은 기억이 난다.

소위 '김영란법'을 둘러싼 우리 사회의 논란을 지켜보면서 이 기억이 다시 떠오른 것은 우연일까? 올해 초 국제투명성기구가 발표한 국가별 부패인식지수에서 우리나라가 OECD 34개국 중 체코와 함께 27위를 기록했다는 소식을 접하면서 '우리나라의 문화지체 현상은 아직도 진행형'이었다는 사실을 새삼 느꼈다.

도덕이나 윤리수준은 그 나라의 중요한 사회적 자본이다. 도덕적으로 건강하지 않은 나라는 지속성장할 수 없다. OECD가 발간한 《뇌물척결Putting and End to Corruption》 보고서는 "부패가 민간부문의 생산성을 낮추며 공공투자를 왜곡하고 공공재원을 잠식한다"면서 경제에 직접적으로 악영향을 미친다고 분석한 바 있다.

경제성장을 따라오지 못하는 윤리·도덕 수준이 나라를 주저앉게 하거나 오히려 끌어내리는 것은 아닌지, 우려의 목소리가 갈수록 커지고 있다. 조선·해운업 불황 등 경기침체에 직면하면서 1990년대 말 외환위기로 뼈아픈 고통을 겪은 기업인들에게 '변화하지 않으면 안 된다'는 위기의식이 확대되고 있음을 경영일선에서 감지할 수 있다. 뭔가 제대로 된 처방이 필요하다는 목소리가 여기저기서 들린다. 하지만 정작 필요한 것은 이미 우리 곁에 와 있는지도 모른다. 느끼지 못할 뿐이다.

'부정청탁 및 금품 등 수수의 금지에 관한 법률(소위 김영란법)'이 시행된 이후 그동안 관행화되었던 부정청탁을 당당히 거절할 법적 근거가 마련되었다. 반론도 있다. 미풍양속을 해치고, 경직된 사회를 만들며, 내수를 침체시킨다고 한다. 소수의 비윤리적인 사람 때문에 많은 선의의 피해자가 생겼다는 하소연도 있다. 일견 타당해 보이기까지 한다.

내가 낼 것은 내가 낸다

하지만 법의 취지는 간단하다. '부정한 청탁이나 금품은 주지도 말고 받지도 말자', '내가 부담할 것은 내가 내자'이다. 이것이 그렇게 지키기 힘든 일인가?

그만큼 부적절한 문화가 우리 사회 깊숙이 뿌리내리고 있었다는 반증이기도 하다. 우리는 그동안 수많은 '도덕적 위기'의 징후를 애써 외면해왔다. 그 결과가 오늘날 우리의 모습이다.

'김영란법'은 우리나라를 뿌리부터 개혁할 수 있는 마지막 기회인지도 모른다. 이 법이 추구하는 것은 오래된 관행과 습관, 문화를 바꿔 공정한 경쟁이 이루어질 수 있는 투명한 사회를 만드는 데 있다. "그래도 그렇지 어떻게 더치페이를 하느냐"라고 푸념하지 말자. 어떻게 하면 빠져나갈 수 있을지 골몰하지 말고 더치페이를 생활화하자.

사회가 투명해지면 경쟁은 공정해진다. 기업은 서비스나 제품의 가격과 품질로 시장에서 평가받고, 사람은 자신이 노력해서 얻은 산물로 평가받으며, 경험과 지식을 바탕으로 시장에서 공정하게 경쟁한다. 공정한 경쟁은 이내 국가 경쟁력을 강화하는 힘이 된다.

지금까지 우리가 사람들 간의 '정情'을 강요에 의해, 물질을 주고받음으로써 표현했다면 이제는 자발적이고 진심어린 마음을 주고받는 '정'을 생활화하자. 모쪼록 의식과 문화발전의 속도를 높여 문화적 지체를 해소하고 국가 경쟁력을 확보하는 계기가 되길 기대해본다.

이런 투명하고 공정한 경쟁 기반을 마련하기 위해서는 공기업을 포함한 공공기관이 앞장서서 제 역할을 해주어야 한다.

복잡한 사회문제에 대한
새로운 해결책

공공기관과 사회혁신

사회혁신social innovation이란 사회문제에 대한 새로운 해결책, 즉 기존 해결책보다 더 효과적이고 효율적이며 지속가능한 해결책을 지칭한다.

사회혁신은 사회적 필요, 시장 실패, 사회적 경제 도전, 과거에는 다루기 힘들었던 사회문제를 그 대상으로 삼는다. 사회혁신의 최종 목적은 사회적 웰빙과 같은 사회적 목표로, 사회혁신 해결책에서 창출된 가치는 주로 개개인보다 사회 전체에 축적될 수 있어야 한다.

사회혁신의 핵심적 속성

시작	사회적 필요, 시장, 실패, 사회적 경제의 도전들, 과거에는 다루기 힘들었던 문제, 사회문제, 주요 목적은 사회적인 것, 사회적 웰빙이 목표
방법/프로세스	새로운, 창의적인, 개선, 커뮤니티, 변혁, 혁신, 참여, 변화, 유연성, 상호작용, 연대 기반, 디자인 프로세스, 새로운 아이디어의 개발과 발전
결과/성과	규모·조직을 통해 개발되고 확산된, 사회적 영향, 지속 가능한 이동, 시장 실패에 대응하는 실천, 기존 규칙의 변화, 사회 시스템에 대한 믿음의 변화, 권력 흐름의 변화, 전체로서의 사회, 충족되지 않는 필요를 충족시키기, 사회적 필요를 충족시키기, 더 큰 회복력을 갖는 방향

　　사회혁신이 필요한 영역은 지역사회 및 생활현장 관점에서 긴박성이 매우 높은 사회적 문제지만 현재의 공식적 정부 능력으로는 곧바로 해결하지 못하는 영역이라 할 수 있다.

　　이러한 영역에서는 정부 및 공공기관은 물론 민간부문 및 제3부문과의 효과적인 협업체계를 기반으로 실질적인 문제 해결 정도를 측정하는 사회적 성과 및 영향을 만들어낼 수 있어야 한다.

사회적 난제와 사회혁신의 필요성

사회혁신이 필요한 이유는 시장과 공공부문이 독자적으로 풀수 없는 사회문제, 바로 난제가 늘고 있기 때문이다. 2010년 유럽연합EU은 '유럽 2020 전략Europe 2020 Strategy'에서 사회혁신을 2020년까지 양성해야 할 중요한 새로운 분야로 정의하고, "사회혁신은 시장이나 공공부문이 적절하게 충족시키지 못하는 사회적 요구를 충족시키는 새로운 방법을 찾기 위해, 비영리 시민조직이나 사회운동가들의 독창성을 활용하는 것이다"라고 사회혁신의 의미를 재확립했다.

이러한 사회적 난제 해결을 위해서는 새로운 관점과 방식의 접근이 필요하다. 이 과제들은 현재 우리가 살고 있는 생산·소비·생활 방식에 내재된 구조적인 문제로서, 현 시스템을 개선하는 방식으로는 해결이 불가능한 문제이기 때문이다.

경험상 시장 실패 상황에서는 정부 및 공공부문의 개입이 필요하며, 정부 실패 상황에서는 신자유주의라는 새로운 방식의 시장원리를 활용해왔다.

문제는 오늘날은 물론 앞으로 더욱 동태적이고 복잡성이

높은 사회에서는 시장 실패와 정부 실패가 동시에 발생할 수 있다는 점이다.

이러한 상황에서는 정부(공공)능력과 민간(시장)능력의 이분법적 선택논리만으로 문제를 해결할 수 없다. 오늘날 우리 사회가 당면한 매우 다기하면서도 복잡한 문제들을 해결해나가기 위해서는 누구의 능력이 더 우월한가 다투어 이분법적 선택을 하는 것보다 각각의 고유한 장단점을 지닌 정부(공공)능력과 민간(시장)능력, 더 나아가 NGO 등이 포함된 제3부문 능력을 상호 연계·활용하는 것이 더 중요할 수 있다.

문제는 어떻게 해야 각각의 고유한 장단점을 지닌 이 능력을 상호 연계·활용해 시너지 효과를 창출할 것인가 하는 것이다.

사회적 책임을 이행하지 않는 공공기관과 구성원들은 이제 국민의 외면을 받는 시대가 됐다. 특히 쉽게 해결하지 못했던 까다로운 국가적 난제는 공공기관이 앞장서야 할 사회적 책임 영역이다.

국민을 안아주는
따뜻한 포용 혁신

내가 아닌 우리, 우리가 아닌 사회

이제는 사회적 가치 개념이 더 확장되어 공공기관에도 적용되고 있다. 국가의 비전은 포용국가다. 포용국가를 위한 공공기관 혁신은 어떻게 이루어지는 것이 좋을까? 과거에는 공공기관의 사회적 책임 관점에서 많은 논의가 있었지만 현재는 사회적 가치 또는 생태계 관점에서 많은 논의가 이루어지고 있다.

인간의 존엄성을 유지하는 기본원리로서 인권의 보호, 재난과 사고로부터 안전한 근로, 생활환경의 유지, 건강한 생활이 가능한 보건복지 제공, 노동권 보장과 근로조건 향상, 사회약자에 대한 기회제공과 사회통합, 대기업과 중소기업 간 상생협력, 양질의 일자리 창출, 지역사회 활성화와 공동체 복원, 지역경제 공헌, 환경의 지속가능성 등 쉽지 않은 과제가 산적해 있다.

내가 아닌 우리, 우리가 아닌 사회, 그 사회적 가치 향상을 위한 포용혁신이 필요한 시점이다. 이를 위해서는 혁신을 공공기관 관점에서 생태계 중심으로 변화시켜야 한다.

공공기관이 추진하는 과제가 생태계에 어떤 영향을 줄 수 있는지 끊임없이 고민하고 모니터링해야 한다. 경제, 사회, 문화, 환경에서 이익 공동체의 이익이 커질 수 있도록 건전한 생태계가 조성되어야 한다.

사회문제는 없애고 사회적 가치는 높인다

두 번째는 사회문제와 사회적 가치라는 두 축으로 나누어 고민해야 한다. 사회문제는 없애고 사회적 가치는 향상시킬 수 있는 방향으로 어젠다를 정해보자. 사회문제는 공공기관이 제공하는 공공서비스에서 취약계층이나 서비스를 받기 어려운 시민을 위한 전향적인 노력, 또는 지역이 안고 있는 특색 있는 문제들(예를 들면 환경오염, 비만, 교육, 미세먼지 등)이 될 수 있다. 사회적 가치는 인권, 안전, 건강권 등을 예로 들 수 있다.

세 번째는 사회적 가치혁신을 위한 종합적인 인재양성을 고민해야 한다. 공공기관 내 전문가뿐만 아니라 지역의 사회혁신 전문가 등을 중장기적 관점에서 기획하고 설계해야 한다. 사회적 가치 영역별, 프로세스별로 필요한 인재를 정의하고 종합적인 로드맵을 만드는 것도 제안해본다.

마지막으로 사회적 가치혁신이 작동하기 위해서는 정부, 공공기관, 지자체, 사회경제 주체, 민간 등의 거버넌스를 통합적이고 건전하게 만드는 것이 중요하다.

공공서비스와 관련해서는 공공기관이 플랫폼 역할을 수행하며, 지역의 사회문제는 지자체가 플랫폼 역할을 수행하고 관련된 이해관계자들을 참여시키면 더 큰 사회적 가치 향상을 창출할 것이다.

사회적 가치 혁신

이립(한국능률협회컨설팅 상무)

필자는 참여정부 시절 혁신 로드맵, 이지원, 기록관리 시스템, 변화관리 등 정부 및 공공혁신에 발을 들였다. 주로 민간 중심의 컨설팅을 진행해온 컨설턴트로서 정부 및 공공기관의 혁신을 기획하고 실행한다는 것은 어렵기도 했지만 가슴 벅찬 일이었다. 고 노무현 대통령이 정부 및 공공영역에서 가지고 있던 혁신에 대한 철학을 공부하고 현장에 어떻게 적용할까 많은 고민을 하던 시기였다. 사명감으로 혁신에 대한 수많은 방법론을 학습하고 많은 공무원 및 혁신 전문가, 교수님과 토론하고 정리하던 시기로 기억된다.

정부부처에 혁신을 도입하고 GE에서 사용하던 워크아웃

타운미팅 기법을 정부 및 공공기관에 적용하고 확장하려던 당시 공공총괄과 김용진 과장과 같이 일하게 되었다. 첫 번째 프로젝트는 공공기관에 적용할 수 있는 혁신 매뉴얼과 베스트프랙티스 사례를 정리한 《맛있는 혁신 풀코스》이다. 당시 혁신 매뉴얼과 공공기관 사례를 담을 책으로서는 혁신적인 이름이었다. 그 당시 김용진 총괄과장과 격의없이 공공기관 혁신과 관련해 다양한 이야기를 나누었다.

문재인 정부 출범 이후 국내에서 논의되는 정부가 주도하는 공공기관의 사회적 가치 개념은 공공조달에 초점을 둔 영국과 달리, 정부 및 공공기관의 공통적인 기본 책임 및 역할로 사회적 가치 개념을 확장한다는 특징을 지니고 있다. 문재인 정부는 포용국가를 국가비전으로 표방하고 있으며 공공영역에서는 포용적 혁신성장 및 사회적 가치 확대를 경영평가와 혁신계획 등을 통해 드라이브하고 있는 실정이다. 포용국가, 포용국토, 포용도시 등을 표방하고 격차해소와 경제, 사회, 문화, 환경에서 공동체 또는 공동의 이익 추구를 지향하고 있으나 잘 진행되는지 점검이 필요한 시기다.

이러한 기조에 기반해 공공기관이 실천해야 할 사회적 가치의 내용, 사회적 가치, 사회경제가치, 집단적 임팩트Collective Impact 가치, 생태계 가치 등 사회적 가치 실현을 위한 과제도출 및 방법론, 창출해야 할 사회적 성과(영향) 평가방법 등 중장기적인 관점의 사회적 가치 요소 발굴과 사회적 가치 체계 구성이 필요해 보인다.

이러한 논의를 본격적으로 진행하기 전에 경제적 가치와 사회적 가치, 공공(공동체) 가치의 관계를 살펴볼 필요가 있다. 민간부문 입장에서는 경제적 가치와 대비되는 관점에서의 사회적 가치를 인식하는 것이 당연하지만, 공공의 이익을 추구해야 하는 정부 및 공공기관 입장에서는 1차원적인 경제적-사회적 가치 축에서 이를 인식하기가 어려울 수 있다. 왜냐하면 공공기관은 사회적 가치만을 중시하는 제3부문(최근 사회적 경제조직)과 달리 공적 목적을 중시하는 사명가치mission values를 지니고 있기 때문이다.

공공기관이 추구하는 사명가치는 유형에 따라 달라질 수 있다. 공기업은 공공의 입장에서 중시되는 공공성 외에 본업에서 지정된 경제적 가치를 함께 추구할 수밖에 없다. 이에 비해 준정부기관은 경제적 가치보다는 사회적 가치와 맥을 같이

경제적 가치와 사회적 가치, 공공(공동체) 가치의 관계

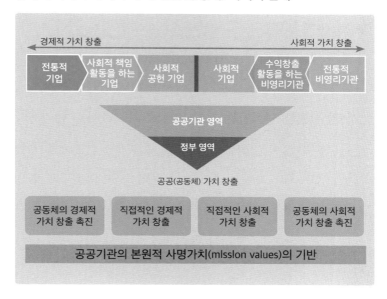

하는 사명가치를 추구해야 하는 특성을 가지고 있다.

　문재인 정부에서 입법 추진 중인 '공공기관의 사회적 가치 실현에 관한 기본법안'에서는 "인권, 노동권, 근로조건 향상, 안전, 생태, 사회적 약자 배려, 양질의 일자리, 대·중소기업 상생협력 등 공공의 이익과 공동체 발전에 기여하는 가치"를 사회적 가치로 규정하고 있다. 일부 공공기관의 사명가치는 사회적 가치의 범주 안에서 규정될 수 있다. 다만 모든 사회적

가치를 모든 공공기관이 사명가치로서 추구하는 것은 아니다
(홍길표, 2019).

사회적 가치 혁신을 위한 공공기관 전략을 6가지로 제안
한다. 첫 번째 전략은 기관 중심에서 벗어나 생태계 중심으로
인식 및 관점을 변화하는 것이다. 이와 관련해서는 생태계의
크기를 정의할 수 있어야 한다. 업의 관점에서 전방과 후방을
고려한 생태계의 크기, 기관이 속한 사회 또는 지역의 크기 등
을 정의해야 한다. 업의 관점에서는 생태계를 건전하게 하려
는 전략(공정 또는 격차해소)과 생태계를 성장시키는 전략 등이
필요하다.

격차의 대상은 경제, 사회, 문화, 환경 등의 다양한 요소가
될 수 있다. 생태계 성장과 관련해서는 도심재생 뉴딜, 그린 뉴
딜, 스마트 뉴딜과 같은 사회문제나 이슈를 경제와 연계시켜
기관의 성장이 아닌 생태계의 성장을 도모하는 것을 예로 들
수 있다.

두 번째 전략은 통합적 관점의 사회적 가치 체계를 정립
하는 것이다. 사회적 가치 전략은 예전에 연탄을 나르거나 연
말연시에 기부하는 것이 아니기 때문이다. 앞서 언급한 사회

공공기관 관점에서의 생태계 기반 사회적 가치의 인식

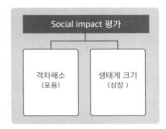

출처: 이립(2019), 사회적가치평가포럼 발표자료

적 가치 및 생태계 관점을 반영한 새로운 사회적 가치 체계 및 과제도출이 필요하다. 공공기관 입장에서는 고유가치에 기반한 사회적 가치 활동의 확대(공공서비스 약자 발굴 및 격차해소 등), 지역사회가 안고 있는 문제도출, 사회경제 주체와 역할, 4차 산업혁명 적용, 임팩트 평가를 통한 의사결정 등의 체계 정립이 필요하다.

공공기관의 통합적 관점에서 사회적 가치 체계를 정립하기 위해서는 4가지 관점을 고려해야 한다. 사회문제 발굴을 통한 사회적 문제Social Problem 관점, 우리가 지켜야 할 사회적 가치Social Value 관점, 이해관계자가 전 프로세스에 참여할 수 있는 열린 혁신Open Innovation 관점, 기관의 효과가 아닌 생태계의 임팩트를 측정할 수 있는 사회적 임팩트Social Impact 관점이 고려되어야 한다. 다시 한번 정리하면 포용적 성장을 위한 열린 혁신, 생태계 관점의 사회적 임팩트 평가를 도입해야 하고, 사회문제 해결과 성장을 연결시키는 영역과 생태계를 건전하게 만드는(격차를 줄이는) 사회적 가치에 대한 노력이 필요하다.

통합적 관점의 사회적 가치 체계 정립

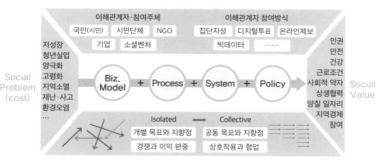

세 번째 전략은 지역 중심의 사회적 가치 혁신을 활성화하는 것이다. 일본은 지역사회를 중심으로 한 사회혁신이 활성화되고 있다. 특히 지역주민 및 젊은 사회혁신가를 중심으로 도시재생 분야에서 많은 성과를 창출하고 있다. 최근 한국도 고령화 등 다양한 사회문제 해결 및 마을 만들기 사업에 관심을 가진 학생 및 직장인 자원활동가, 마을 주민, 여행자 들이 교류하면서 새로운 공동체 활동이 시작되고 있다.

커뮤니티 중심의 사회적 가치 혁신이 될 수 있는 거버넌스를 만드는 것이 중요하다. 예를 들면 일본의 요코하마시에서는 지역 전체의 빈방을 모아 하나의 숙박시설로 구축하고, 이 지역을 찾아오는 전 세계 여행자를 대상으로 홍보 및 숙박 서비스를 제공하고 있다. 공공지원을 기반으로 한 지역혁신 사례로는 일본의 롯폰기 힐스가 슬럼화되어가던 주거지역을 민간자본에 의해 재생한 경우를 들 수 있다. 특히 상업과 업무, 문화와 주거 기능이 종합된 대표적인 도시재생 사례로 평가되고 있다.

사회혁신과 관련해 일본은 도시재생이나 지역공동체 측면에서 많은 사회혁신 사례를 보여준다.

일본 특유의 지역사회 기반, 특히 아래로부터의 지역혁신 움직임, 시민사회 중심의 사회혁신 및 투자(휴먼예금을 소셜 임팩트 펀드로 활용) 움직임 등은 학습할 필요가 있다. 혁신도시를 기반으로 지역 중심의 사회적 가치 활성화도 필요하다. 이를 위해서는 업의 확장 개념으로 접근하기보다는 지역의 현안문제를 풀어가는 방식, 즉 수요자 중심의 접근방법이 효과적이다. 따라서 지역 커뮤니티, 사회적 경제 주체와의 협업 등 지역 기반의 거버넌스를 구체화하는 것도 좋은 방법이다.

네 번째 전략은 사회적 기업가 육성과 지원구조를 정립하는 것이다. 통상 영리에 기반을 두는 경우를 일반적인 혁신 기업가로, 비영리를 기본원칙으로 하되 기업성을 추구하는 기업가를 사회적 기업가로 지칭한다. 국내에서는 고용노동부가 주관하는 사회적 기업이 법률적 기업유형으로 지정되어 있기 때문에 사회적 기업가라는 용어를 잘 사용하지 않고, 이들이 만든 기업을 소셜벤처social venture라고 부른다.

생태계 성장을 위한 방안으로, 공공기관을 중심으로 사회적 기업가를 육성·지원하는 구조를 만드는 것이 하나의 대안이다. 공공기관을 중심으로 업 또는 지역에서 사회문제를 해결하거나 사회적 가치를 향상시킬 수 있는 사회적 기업가를 육성하고 지원하는 체계를 정립할 필요가 있다. 본원적인 공공 서비스와 지역을 기반으로 하는 문제 해결 등과 관련해 격차해소, 사회적 문제 해결 등과 경제가 연결되는 뉴딜 관점의 사회적 기업가를 발굴, 양성, 지원하는 체계가 필요하다.

다섯 번째 전략은 지역(사회)가치 향상을 위한 집단적 임팩트 도입이다. 집합적 혹은 집단적 임팩트는 복잡한 사회적 문제를 해결하기 위해 정부, 기업, 개인 등 다양한 분야의 조직들이 협력해 공유가치를 창출하는 창조적 해결 방법이다. 공공기관이 집단적 임팩트를 위한 중요한 역할을 수행할 수 있다. 복잡한 사회문제를 해결하기 위해 제도적인 변화뿐 아니라, 지역사회와 지방자치단체 및 정부, 사회적 기업, 비영리기구, 민간기업들 간의 끈끈하면서도 유기적인 파트너십을 토대로 공동의 어젠다에 대해 공동으로 대처해나가는 협조체제를 구축하는 데 주체적인 역할을 수행할 수 있다.

집단적 임팩트의 기본원리가 실현된 사례로는 비영리기구 스트라이브 투게더StriveTogether를 중심으로 다양한 이해관계자들이 참여해 미국 신시내티 지역의 진학률 같은 교육문제를 해결한 사례, 민간기업 마르스^{Mars}(스니커즈, m&m 초콜렛 등을 생산하는 글로벌 식품기업)가 '국제코코아이니셔티브^{ICI}'를 기반으로 코코아 및 초콜릿 산업의 원료 공급처인 서아프리카 코코아농장의 아동학대 문제를 해결한 사례, '소머빌에 거주하거나 직장이 있는 모든 사람의 비만 예방을 위해 지역사회에 변화를 주어야 한다'는 공동 어젠다를 실천에 옮긴 셰이프업 소머빌^{Shape-up Somerville} 사례 등이 있다(홍길표·이립, 2016).

지역의 사회문제를 효과적으로 접근하기 위해서는 혼자가 아니라 이해관계자들이 공동으로 대응해 가시적인 성과를 만들어내는 것이 중요하다. 사회적인 극복 노력이 필요한 영역을 발굴하고 문제를 해결하기 위해 공공기관, 정부, 기업, 개인 등 다양한 분야의 조직이 협력해 공유가치를 창출하는 창조적 해결 방법이 필요하다. 사회혁신을 위한 주제 선정, 상호협력을 유인하기 위해 참여 그룹 간 공유가치 창출 등이 중요하다.

마지막 전략은 생태계 중심의 임팩트 평가방식의 도입이다. 다양한 사회적 영향(임팩트) 평가방법론 및 적용 사례가 영국을 중심으로 발전한 배경에는 빅소사이어티^{Big Society} 운동

과 이에 근거한 사회적 투자 시장 육성 및 생태계 조성방안 등
이 존재한다. 사회적 투자에 따르는 사회적 성과(임팩트)를 측
정하기 위한 평가방법의 도입이 중요하다. 다른 표현으로는
생태계 중심의 평가가 이루어져야 하는데, 그러려면 포용성
평가가 만들어져야 한다. 생태계의 크기를 정하고 격차해소,
성장성 등 공공기관의 활동평가가 생태계의 포용성을 정의하
고 평가하는 체계로 만들어야 한다.

　업 또는 지역 관점의 사회적 가치 평가에서 기관 중심의
관점과 생태계 관점의 평가를 동시에 반영할 필요가 있다. 공
공기관 중심 관점에서는 과정 중심의 평가체계로 과제실행 중
심의 평가, 기관 중심의 활동평가 등에 초점을 맞춰야 하며, 생
태계 관점의 평가에서는 코레일이 정의한 생태계의 격차해소
(문제점 해소), 건전성(평등, 기회균등), 성장(경제) 등의 사회적 가
치 측정에 대한 정의가 필요하다. 공공기관이 안고 있는 여러
가지 한계가 있지만, 김용진 전 차관의 이야기처럼 사회적 가
치 혁신이 공공기관의 날개가 되길 기원한다.

CHAPTER 5

공공기관과
거버넌스

출제하는 사람, 시험 문제를 푸는 사람
진화하는 공공기관 운영에 관한 법률
'공운위', 혁신의 플랫폼으로 거듭나라
공공기관 지정, 치열한 '눈치' 싸움
정권 교체 시마다 논란, 공공기관 임원 임기
햇빛은 최고의 방부제다

출제하는 사람,
시험 문제를 푸는 사람

뒤바뀐 입장

공직에 있다 한국전력의 발전자회사인 한국동서발전 사장으로 부임한 직후의 일이다. 2016년 초, 당시 주무부처인 산업통상자원부가 소집한 에너지 관련 공공기관장 회의에 참석했다.

회의가 시작되자마자 회의를 주재한 산업통상자원부 모 차관으로부터 기습적인 질문을 받았다. 기획예산처 공공혁신본부 정책총괄팀장으로 근무할 당시 함께 일해 잘 아는 분이었다.

"김용진 동서발전 사장님은 이번에 새로 부임하셨는데, 어떻습니까? 공공기관을 감독하고 평가하던 입장에서 감독을 받는 입장으로 바뀌었는데, 소감 한마디 해주시죠?"

짓궂은 질문이었다. 잠시 당황스럽기도 했지만 자연스럽게 자기소개 기회를 주기 위해 선의로, 약간 농담을 섞어서 한 질문이라는 점을 알고 있었기에 고마움을 느꼈다.

몇 달 만에 정반대 입장에 선 내 모습이 나도 궁금했다. 잠시 고민했지만, 나는 당시 맡고 있던 공기업 사장의 역할이 훨씬 힘들게 느껴졌던 것 같다. 간단히 내 소개를 한 뒤 질문에 답변을 했다.

"시험 문제를 내는 것도 어렵지만 문제를 푸는 것이 더 어려운 것 같습니다."

문제를 낸다는 것은 정부 입장에서 공공기관에 정책 방향에 대한 과제를 주는 것이다. 정부의 과제를 공기업 현장에서 풀어나가는 것이 무척 힘들게 느껴졌다. 공공기관들의 애환을 대변해주어서일까? 참석한 공공기관장들로부터 많은 박수를 받았다.

함께 고민하고 함께 풀자

2017년 5월, 한국동서발전 사장을 맡고 있을 때 문재인 정부가 들어서면서 기획재정부 제2차관으로 임명되어 다시 정부로 돌아왔다. 공교롭게도 기재부 제2차관은 공공기관 정책을 담당하는 자리이다. 다시 만난 공공정책국 간부들이 필자에게 다시 물었다.

"문제를 내는 것과 푸는 것 중 어느 것이 더 어려운가요?"

당시는 문재인 정부 출범 초기여서 새로운 공공기관 정책 방향을 잡느라 고민이 많을 때였다. 수없이 많은 전문가 토론과 의견수렴을 거치고 내부 토론을 거쳤지만 방향이 쉽게 잡히지 않았다.

어떻게 보면 입장이 바뀐 만큼이나 생각도 바뀐 것 같지만, 정부로 돌아와보니 정책 방향에 대한 과제를 내는 일이 훨씬 힘들고 어렵게 느껴졌다.

직원들도 아마 이런 대답을 기대하지 않았을까 싶다. 시험 문제는 푸는 것보다 내는 것이 더 힘들고 중요하다고. 보기에 따라 이런 대답이 맞을 수도 틀릴 수도 있을 것이다.

"문제를 내는 사람과 푸는 사람이 따로 있다고 생각할 때 공공기관의 문제는 풀리지 않는다. 공공기관의 문제는 너와 나 구분 없이 함께 고민하고 함께 풀어나가야 한다."

이 이야기는 내 개인적인 경험이기도 하지만 공공기관 혁신에 대한 함축적인 의미를 지닌다. 의도치 않게 양쪽 일을 다 경험해보니 문제 내는 사람 따로 있고 문제 푸는 사람 따로 있어서는 안 된다는 생각이 들었다.

이것은 정부와 공공기관의 관계를 어떻게 보고 어떻게 설정할지에 관한 문제다. '공공기관의 지배구조, 거버넌스'에 관한 이 문제는 정부와 공공기관이 머리를 맞대고 함께 문제를 내고 또 함께 풀어야 한다.

공공기관의 관리·운영에는 다양한 주체가 함께 관여한다. 공공기관의 주인인 국민, 국민을 대신하는 국회나 정부, 정부 내에서도 기획재정부와 주무부처, 공공기관, 공공기관들의 내부 기구 등 복잡하다. 이렇게 많은 주체의 관계와 역할을 어떻게 설정하느냐에 따라 공공기관의 실제 운영이 크게 달라진다.

진화하는 공공기관
운영에 관한 법률

2007년 4월 첫 시행

———

우리나라 공공기관의 운영 및 관리와 관련한 기본 규정은 2006년 12월 국회를 통과해 2007년 4월 1일부터 시행되고 있는 '공공기관의 운영에 관한 법률'이다. 이 법률은 제정된 이후 많은 개정과정을 거쳤으나 기본적인 골격은 처음 제정 당시와 크게 달라지지 않았다. '공공기관의 운영에 관한 법률'은 2005년 4월 경제협력개발기구OECD가 각 회원국에 권고한 '공기업 지배구조 관련 OECD 가이드라인' 내용을 반영하고 있다.

OECD 가이드라인은 시장이나 주주에 의한 감시·견제 기능이 작동되고, 이익창출을 원칙으로 운영되는 민간기업과 달리 공공기관은 근본적으로 공공을 대표하는 정부의 소유 아래 기업적 활동과 함께 공공성을 추구하는 속성을 가지고 있어 여러 가지 문제가 발생할 수 있다는 점에서 이를 극복하기 위한 대안을 권고하고 있다.

가장 핵심적인 사항은 공기업의 기업적 활동이 공공성을 대표하는 주무부처의 규제나 정책에 의해 과도한 영향을 받을 수 있다는 점을 고려해 공기업의 소유권 행사 기능과 정책적 기능을 분리하고 소유권 행사 기능을 일원화할 것, 공기업 경영의 자율성 확대를 위해 이사회의 독립성을 강화할 것, 경영진에 대한 효과적인 감시·견제를 위해 감사 기능을 강화하고 경영투명성과 공시를 확대할 것 등이다.

공공기관에 대한 고민 계속

'공공기관의 운영에 관한 법률'은 OECD 가이드라인에서 권고한 내용을 포함해 그동안 공공기관과 관련해 지적되어온 문제점을 대폭 개선하는 내용을 담고 있다.

우선 정부가 통합하여 관리하는 공공기관의 범위를 종전 100여 개에서 300여 개로 대폭 확대하고, 공공기관을 유형별로 구분해 정부의 관리감독 방법과 수준 등 외부 지배구조와 이사회 운영 등 내부 지배구조를 차별화하도록 하고 있다.

또한 '공공기관운영위원회'를 설치해 정부의 공공기관 관리감독 정책기능을 일원화하고 체계적으로 수행하도록 하는 한편, 경영진에 대한 견제 기능을 수행하는 비상임이사와 감사의 기능을 대폭 강화하도록 하고 있다.

일반 국민이나 언론 등에 의한 경영감시가 용이하도록 개별 기관의 경영공시 의무화와 함께 통합 경영정보 공개 시스템을 통해 핵심 경영정보를 등록하고 공개하도록 하여 공공기관의 경영투명성을 대폭 향상시킨 것으로 평가되고 있다.

노무현 정부에서 제정된 '공공기관의 운영에 관한 법률'도 벌써 12년이 경과했다. 이명박 정부와 박근혜 정부, 그리고 문재인 정부를 거치면서 공공기관의 역할에 대한 사회적 요구 등 공공기관을 둘러싼 환경이 크게 변화하고 있다.

공공기관이 효율성과 수익성을 위주로 운영되어 공공기관 본연의 역할과 존재 이유, 사회적 책임과 가치 등 공공성에 소홀했다는 반성이 제기되고, 공공기관과 공공기관운영위원회나 정부부처와의 관계도 상하 수직적 관계가 아닌 참여에 바탕을 둔 수평적·협력적 관계로 변화되어야 한다는 요구가 높다.

'공운위', 혁신의 플랫폼으로 거듭나라

공공기관 관리의 핵심 축

공공기관운영위원회(이하 '운영위')는 공공기관 지정에서부터 공공기관장 및 임원 임명, 경영공시, 공공기관의 기능조정 및 혁신 지원, 경영지침 및 경영평가에 이르기까지 공공기관의 관리운영에 관한 전반적인 사항을 심의·의결하는 기구다.

정부의 각종 위원회 중 이 운영위만큼 토론이 활발하고 실질적인 심의와 의결이 이루어지는 곳도 드물다. 하지만 운영위가 지나치게 기획재정부를 중심으로 운영된다는 지적이 있다. 운영위의 위원장은 기획재정부 장관이고 장관이 회의를 주재할 수 없을 경우 통상적으로 기획재정부 차관이 위원장 역할을 대행한다. 운영위의 운영에 중요한 역할을 하는 간사는 기획재정부의 고위공무원, 공공정책국장이 맡고 있다.

보고안건과 의결안건으로 구분되는 위원회의 안건은 간사기관인 기획재정부만 제출할 수 있다. 위원회가 심의·의결하는 안건은 법령에 따라 운영위의 의결을 거쳐 기획재정부 장관이 정하도록 되어 있으며, 특별한 경우가 아닌 한 안건제출은 기획재정부가 독점할 수밖에 없다.

정부 각 부처는 부의된 안건에 대해 의견을 제출할 수 있지만 위원이 아닌 자는 위원장의 요청이나 위원회의 의결이 있을 때만 회의에 참석해 발언할 수 있다. 운영위가 기획재정부의 전유물이며, 그들만의 리그라는 비판을 받는 이유다.

공공기관과 고민을 함께 나누는 플랫폼

운영위를 공공기관과 정부 각 주무부처, 관계된 모든 주체가 공공기관의 운영과 혁신을 위해 함께 사용하는 플랫폼으로 활용하도록 해보자. 운영위를, 문제를 출제하는 사람과 푸는 사람이 따로 있는 것이 아니라 함께 문제를 고민하고 함께 푸는 공공기관 협업의 플랫폼으로 만들자는 것이다.

안건제출 권한을 주무부처에도 부여하고 공공기관들의 참여를 확대할 필요가 있다. 공공기관의 혁신이나 고민거리를 운영위에 들고 와서 논의할 수 있도록 관련 주무부처에도 안건제출권을 부여하자. 물론 법령·제도적 한계가 있을 수 있고 운영위 운영상 효율성을 떨어뜨릴 수도 있다.

의결안건의 경우에는 불가피한 점이 있지만 보고안건의 경우에는 얼마든지 확대 적용이 가능하다. 운영의 효율성을 위해 분기별 또는 반기별로 부처가 제출한 보고안건을 심의할 수 있도록 운영위 회의를 정례화하는 것도 좋은 방법이다.

공공기관의 경우도 마찬가지다. 개별 공공기관 중 혁신 우수사례를 발표하고 싶은 기관은 운영위를 사용하도록 권장하자. 공공기관들은 운영위 보고를 통해 우수사례를 자랑하고 홍보하는 기회로 삼고, 정부는 우수사례를 다른 기관과 공유하여 보다 확산시키는 통로로 사용할 수 있다.

공공기관 지정, 치열한 '눈치'싸움

감독 덜한 '기타 공공기관' 희망

매년 1월 말이면 정부부처와 공공기관들의 발길이 분주하다. 기획재정부 장관은 1월 말까지 운영위의 심의·의결을 거쳐 '공공기관 운영에 관한 법률'의 적용을 받는 공공기관과 당해 공공기관의 유형을 구분해 지정하도록 되어 있기 때문이다.

기관이나 주무부처에 따라 차이가 있지만 대부분의 경우 공공기관 지정을 기피하고, 지정되더라도 기획재정부나 운영위 관리감독 수준이 낮은 '기타 공공기관'으로 지정받기를 원한다.

기타 공공기관으로 지정되면 기획재정부가 실시하는 '공공기관 경영평가'가 아니라 부처가 자체적으로 실시하는 '기관 평가'를 받게 되므로 한결 수월하다고 알려져 있다.

　　하지만 기타 공공기관이라도 여러 가지 의무가 부과된다. 고객만족도조사를 받을 수 있고, 때로는 기관의 기능재점검 및 기능조정 대상이 된다. 기관 운영의 혁신을 추진하는 의무가 부여되어 기획재정부가 운영위의 심의를 거쳐 시행하는 공공기관 혁신지침 적용 대상이 되며, 경영 공시 의무가 부과되어 해당 공공기관의 주요 경영 상황을 공개·공시해야 한다. 기타 공공기관도 여러 가지 의무가 부과되기 때문에 공공기관으로 지정되는 것을 가급적 기피하는 이유다.

공공기관 유형, 기준을 바꿔보자

공공기관의 지정과 유형 구분 기준을 재검토해보자. 특히 공공기관 유형 구분 기준을 다시 설정할 필요가 있다. 현재 공공기관의 유형을 구분하는 결정적 기준은 총수입액 중 자체수입

액의 비중이다.

여기서 자체수입액은 각 연도의 수입액을 단순 사용하는 것이 아니라 공급하는 서비스·재화의 판매수입을 공급의 독점성 여부나 수요의 강제성 여부 등 시장여건에 따른 가중치를 적용해 산출한다.

만일 특정기관이 생산·공급하는 서비스가 공급 측면에서 시장이 경쟁적이고 소비자 수요 측면에서 소비가 강제되어 있지 않다면 해당 재화·서비스 판매 수입의 가중치를 100%로 적용하고, 공급 면에서 독점적 위치를 가지고 수요 면에서 국민들의 소비가 강제된 경우에는 가중치를 25%로 적용하는 방식이다.

여기서 문제점은 이러한 100%, 50%, 25% 등의 가중치를 그렇게 설정한 뚜렷한 근거가 없다는 점이다. 이러한 가중치는 당초 제도를 도입할 당시에 시장형 공기업과 준시장형 공기업, 준정부기관을 구분하는 자체수입 비율 기준(각각 85%, 50%)과 함께 수많은 시뮬레이션을 거쳐 마련되었는데 아직도 이를 대체할 마땅한 기준을 찾지 못하고 있다.

이와 같은 구분 기준은 국제기준과도 다르고 한국은행의

정부 또는 공공부문 통계 작성 시 적용하는 기준과도 달라 혼란을 일으킨다는 지적이 있다. 공공기관의 관리감독 목적인 현행 분류기준과 통계목적상 공공기관 분류를 최대한 일치시킬 수 있는 기준 개발이 시급하다.

자체수입액 비중을 중심으로 되어 있는 공공기관의 분류기준에 생산·공급하는 재화의 특성이나 시장의 특성 등을 추가로 고려하는 것도 방법이다.

예를 들어 상장 공기업은 자체수입액 비중에도 불구하고 시장에 의한 견제와 감시체제가 작동하므로 상장 여부를 분류기준에 추가하고 상장 공기업을 별도의 유형으로 관리하는 방식 등이다.

정권 교체 시마다 논란,
공공기관 임원 임기

대통령 임기와 맞추면 해결될까?

————

공공기관 임직원의 임기를 대통령 재임기간과 일치시키자는
주장이 있다. 정부 교체에 따른 무리한 인사교체 등 부작용을
일부라도 시정하자는 생각에서 나온 것으로 보인다.

실제로 정권 교체 시기마다 제기되는 공공기관 기관장의
임기 논란은 어제오늘의 이야기가 아니다. 서비스의 공공성을
확보하는 차원에서 기관장 인사가 이뤄져야 하지만, 정권이
교체될 때마다 낙하산 인사 논란 등이 반복돼 국민적 불신을
유발할 뿐만 아니라 공공기관의 업무수행에 차질을 빚어왔다.

국민생활과 밀접한 관련이 있는 공공기관장의 인사는 어떤 면에서 보면 각 부처 장관 인사만큼이나 중요하다.

사실 현재 공공기관 임원의 임기제도는 2007년 공공기관 운영에 관한 법률 제정 당시 도입된 것이다. 기본 임기를 기관장은 3년, 기타 임원은 2년으로 하고 업무성과 등 평가결과에 따라 1년 단위로 추가 연임 여부를 결정하도록 했다. 1년 단위의 추가임기제도는 두 가지 사항을 고려해서 설계되었다.

종전에는 연임 임기도 최초 임기와 동일한 3년 단위였으나 실제 운영과정에서 연임이 필요한 경우에도 연임시킨 경우는 거의 없고, 3년 단위 연임 결정이 부담으로 작용하는 것으로 파악되었다.

연임 결정에 대한 부담을 줄이고 연임을 보다 활성화시키기 위해서도 연임 임기를 1년으로 설정할 필요가 있었다. 실제 1년 단위 연임제도가 도입된 이후 공공기관의 연임이 대폭 활성화된 것으로 평가된다. 또한 대통령의 임기가 5년이므로 1년 단위 연임제도를 잘 활용하면 자연스럽게 공공기관장의 임기와 대통령의 임기를 조화시킬 수 있다.

인사권 보장, 자율경영의 첫걸음

기관장을 제외한 임원들의 임기를 2년으로 1년 축소한 것은 공공기관장들의 의견을 수렴한 결과다. 2007년 지배구조 개편에 역점을 둔 사항 중 하나가 공공기관장의 내부인사권 강화를 통한 자율경영 보장이었다.

종전에는 공기업의 상임임원은 주무부처의 승인을 얻어 기관장이 임명하도록 되어 있었다. 자신의 승진을 주무부처에서 결정하는 한 공기업의 임원이 기관장의 말을 들을 리 없다.

새로운 제도개선 방안은 기관장의 인사권 보장을 통한 책임경영 여건을 강화하기 위해 상임임원의 임명권을 임추위 등 별다른 규정이나 절차 없이 기관장의 권한으로 임명하도록 했다.

실제 법 제25조 제1항은 별도 규정이 없이 "공기업의 상임이사는 공기업의 장이 임명한다"라고 규정할 뿐이다. 이 규정에 대한 공공기관장들의 의견을 수렴하자, 임원들의 임기가 기관장과 같이 3년으로 되어 있다면 제도개선의 취지를 제대로 살릴 수 없다는 의견이 제시되었다.

공공기관의 특성상 전임 기관장이 임명한 임원과 상당 기간 함께 일할 수밖에 없고 또 자신이 임명한 임원은 자신과 짧은 기간 근무할 뿐이다. 여기서 제시된 의견이 임원의 임기를 기관장보다 짧은 2년으로 하여 기관장의 임원 연임 결정권이 실질적으로 작동하도록 하는 방안으로 수용되어 제도에 반영되었다.

햇빛은 최고의 방부제다

경영정보 공개 시스템 '알리오'

공공기관 경영정보 공개 시스템인 알리오 시스템^{www.alio.go.kr}'
이 처음 도입된 것은 2005년 말이다. 알리오 시스템은 공공기
관의 경영정보를 한곳에 모아 제공하는 포털 사이트다.

공공기관의 근본적인 경영혁신을 유도하기 위해서는 국
민이 공공기관을 직접 감시하는 시스템을 구축하는 것이 필수
적이라는 판단하에 공공기관의 경영현황을 일반 국민에게 투
명하게 공개하는 시스템을 구축한 것이다.

국민 누구나 개별 공공기관이 무슨 일을 하고, 어떻게 운

영되는지 알 수 있어야 공공기관의 주주인 국민이 제대로 경영감독할 수 있기 때문이다.

'햇빛은 최고의 방부제'라는 모토 아래 처음 이 시스템을 오픈했을 때만 해도 폭발적인 반응이었다. "만시지탄이다"라는 반응에서부터 "진짜 공공기관이 발가벗었다"라는 반응까지 다양했지만 긍정적인 평가 일색이었다.

알리오 시스템의 자료를 근거로 수많은 기사가 쏟아지면서 공공기관에 대한 언론의 감시도 더욱 강화되었다. 과거 언론에 등장하는 공공기관 관련 보도는 감사원 감사 결과 등 극히 제한된 정보를 토대로 특정 공공기관의 문제에 초점을 맞춘 기사가 대부분이었다. 하지만 최근에는 전체 공공기관의 급여나 복리후생 수준, 임원현황 또는 자산·부채·순이익 등을 분석하는 기사가 자주 등장하고 있다.

예전에는 접근할 수 없었던 공공기관의 경영현황을 국민 누구나 비교적 상세히 알 수 있게 된 것도 알리오 시스템 덕분이다.

보여주고 싶은 것만 보여준다?

그동안 공개대상 항목이 대폭 확대되었고, 정보공개 품질 확보를 위해 허위 공시에 대한 처벌을 강화하는 등 많은 제도적 개선이 있었다. 그러나 여전히 아쉬움이 많다.

공공기관 경영정보 공개 시스템인 알리오 시스템

특히 사용자 입장에서 보면 더욱 그렇다. 데이터는 비교 분석이 가능할 때 더욱 유용하게 활용될 수 있다. 연구자든 언론이든 일반 국민이든 간에 공통적으로 제기하는 사항은 공공기관들 간의 횡단면 비교분석을 위한 자료 추출이나 종단면 분석을 위한 시계열 자료 추출이 어렵게 되어 있어 결국 '보여주고 싶은 것만 보여준다'는 불만이다.

필요한 분석 자료를 구하기 위해서는 해당 공공기관을 검색해 필요한 연도의 자료를 찾아내는 일을 반복해야 한다. 참으로 고약한 일이다. 그러나 사용자가 편리하도록 자료 검색 시스템을 갖추는 것은 기술적으로 힘든 일이 아니다. 시스템 운용자들의 태도나 접근방식만 바꾸면 된다.

최근 알리오 시스템을 변화하는 환경에 맞춰 양방향 소통 채널로 전면 개편작업 중인 것으로 안다. 새로운 시스템이 고객의 수요를 반영해 환골탈태하기를 기대해본다.

공공부문 거버넌스 변혁의 방향성 모색

홍길표(백석대학교 경영학과 교수)

1. 공공기관 관리체계의 변천과정과 현실인식

최근 공공기관 경영평가제도는 물론 그 토대가 된 공운법 체계에 대한 많은 문제점이 지적되고 있으며, 이러한 문제점을 개선하기 위한 제도혁신 방안이 필요하다는 목소리가 현장은 물론 학계에서도 커지고 있다. 공공기관 종사자들이나 언론 등 미디어의 비판 대상이 되고 있는 경영평가제도를 중심으로 현재 문제점을 개선하는 수준에서의 혁신이 필요한지, 아니면 그 토대가 된 공운법 체계 자체를 새롭게 뜯어고쳐야 할지 고민이 필요한 시점이다.

공기업을 포함한 공공기관 개혁은 1990년대 이후 신정부가 출범하는 초기에 제기되는 핵심 쟁점 중 하나가 되었다. 대한민국 정부 출범 이후 정부부문을 보완하기 위해 서서히 확장되기 시작한 공기업 등 공공부문에 대한 최초의 개혁은 1968년 박정희 정부가 실시한 국영기업 민영화(한국기계, 인천중공업 등)라고 할 수 있다.

이후 김영삼 정부가 다수의 공기업을 민영화하고 일부를 통폐합하는 계획을 발표했지만, 사전준비 부족과 노동조합의 반대 등으로 성과가 미진했다. 실제로 전체 정부 산하기관의 운영과 관리혁신에 대해 본격적으로 관심을 가지고 개혁을 추진한 것은 김대중 정부가 출범한 1998년 이후부터다. 당시 외환위기의 주원인 중 하나가 정부를 비롯한 공공부문의 비효율성에서 비롯되었다는 판단하에 정부를 비롯한 기존 산하기관에 대한 강력한 구조조정이 추진되었다. 그러나 정부규모 축소, 공기업 민영화, 산하기관 구조조정 등 외형적 실적에도 불구하고 공공부문 내면에 자리하고 있는 방만경영과 도덕적 해이, 산하기관 신설 등 근본적인 문제는 해소하지 못했다.

이후 노무현 정부 들어 우후죽순처럼 생겨난 다양한 형태의 공공기관을 체계적으로 관리하기 위한 '정부산하기관 관리 기본법'(2003. 12. 31 제정)과 '공공기관 운영에 관한 법률'(2007. 1. 19 제정) 등을 제정했다. 특히 공공기관 운영에 관한 법률(이하 공운법) 체계로 불리는 공공기관(공기업, 준정부기관, 기타 공공기관) 관리운영체계는 이전에 운영하던 '정부 투자기관 관리 기본법'과 '정부 산하기관 관리 기본법'을 2007년에 통합 신설해 만들어졌다. '정부 투자기관 관리 기본법'(이하 정투법)은 오늘날 공기업에 해당하는 기관들을 관리하는 법으로 1983년에 만들어졌으며, '정부 산하기관 관리 기본법'은 오늘날 준정부기관으로 불리는 공공기관을 관리하는 법으로 2003년 노무현 정부 들어 신설되었다.

2007년에 새롭게 시작한 공운법 체계는, 당시 많은 논란이 있었지만 기본적으로 OECD가 발표한 당시 공기업 지배구조 가이드라인에 맞춰 한국의 공기업 및 수많은 산하기관을 통일적으로 관리해야 한다는 취지로 추진되었다. 명분은 OECD의 공기업 지배구조 가이드라인을 따른다고 되어 있었지만, 실은 1983년부터 시행되던 정투법의 체계를 뼈대로 했다. 이 운영체계에는 정부투자기관의 적용범위, 정부투자기관

운영위원회, 경영목표 설정, 경영실적 등 보고, 경영실적 평가, 정부투자기관의 조직·임원·운영 등에 관한 규정 등을 두었다. 따라서 현재 공운법 체계의 기원은 2007년에 새롭게 만들어진 것이 아니라, 35년 전에 만들어진 정투법의 관리운영체계를 2007년에 변형한 것으로 볼 수 있다.

여기서 현재 공운법 체계의 근본적인 개혁 필요성을 찾아볼 수 있다. 즉 정투법이 만들어진 1980년대는 정부가 출자한 기관에 정부가 강한 정책영향력과 관료적 리더십을 발휘하던 시기였다. 돌이켜보면 시대적으로도 당시에는 큰 과오가 없었던 것으로 평가된다. 1980년대 당시에는 정부가 공기업보다 더 많은 정보를 갖고 있었고, 선진적 관리기법으로 훈련받은 우수한 공무원도 보유하고 있었다. 해외 전력 및 에너지산업에 대한 정보는 거의 정부에 의존할 수밖에 없는 상태였다.

따라서 정부가 관리위원회를 만들어 해당 기관들의 중요한 목표를 정하고, 경영평가제도를 통해 성과를 평가·보상하며, 기관장을 포함한 임원의 인사에 관여하고, 조직정원 및 예산에 대해 일일이 간섭하는 것이 가능했을지도 모른다. 2007년 공운법 체계는 바로 이러한 정부 우위의 패러다임을 극복하지 못한 상태에서 나온 산물이다.

그렇다면 2019년 현재 기준으로 한국의 공기업 및 준정부기관들은 어떨까? 과연 정부가 공기업이나 규모가 큰 준정부기관보다 해당 분야에 대한 정보를 더 많이 보유하고 있을까? 정부 공무원이 공공기관 종사자들보다 해당 분야에 대해 더 많은 경험과 높은 관리역량을 보유하고 있을까?

그렇다면 공운위나 경영평가 등에 참여하는 교수나 회계사 등 이른바 외부 전문가들은 어떨까? 물론 국내에도 세계적인 명성을 지닌 일부 전문가가 존재하지만, 이런 대가들은 공운위나 경영평가 등에 참여하지 않는다. 주로 40~50대, 일 좀 해본 경험을 지닌 전문가들이 참여한다. 이들이 과연 공무원을 대신해 공기업이나 규모가 큰 준정부기관 각각의 사업 및 경영관리부문을 효과적으로 평가하고, 각각의 기관 및 사업 특성을 반영한 발전방향을 제시할 수 있을까? 물론 규모가 작은 강소형 공공기관이나 기타 공공기관의 경우에는 아직 내부 경영역량이 부족하기 때문에 외부의 지원이 필요한 것이 사실이다. 그러나 상당수 공기업이나 규모가 큰 준정부기관은 이 단계를 지났다고 봐야 한다. 공공기관들의 규모 및 특성 등을 반영한 새로운 관리체계를 구상할 필요성이 생겨나는 이유다.

2. 공공부문 거버넌스 변혁과 전략적 공공부문 관리

현재와 같은 공운법이라는 하나의 그릇에 담는 체제로부터, 공공기관별 특성을 반영해 서로 다른 2~3개의 그릇에 나누어 담는 체제로 변화할 필요가 있다. 이와 함께 개별 공공기관 관리체계로부터 전략적 공공부문 관리체계로의 패러다임 변화도 필요하다.

무엇보다 공운법을 기반으로 준정부기관들이 다수 포진한 관리대상 공공기관 범주에서 주식시장에 상장되어 상법 및 자본시장법과 더불어 공운법의 중층적 규율에 놓여 있는 대형 공기업들을 구분해 별도로 관리하는 체계가 필요하다. 주식시장 상장 여부를 기준으로 별도의 그릇(법령)을 만들어야 한다. 주식시장에서 작동하는 주가가 기관의 미래가치에 대한 신호가 되기 때문이다. 당초 공공기관을 대상으로 공운법에 기초해 별도의 내부·외부통제구조를 만든 이유는 해당 기관의 보유(미래) 가치에 대해 종합적인 신호가 존재하지 않았기 때문이다. 주식시장을 통해 시장논리가 반영된 종합적인 주가 신호가 존재하는 상장 공기업에도 다른 공공기관과 동일한 방식으로 정부의 직접적인 관리방식을 적용할 필요성이 적은 이유이다.

상장 공기업에 대한 국가의 전략적 통제 방식으로는 싱가포르와 핀란드 사례를 살펴볼 수 있다. 필자는 개인적으로 싱가포르의 테마섹Temasek 방식보다는 핀란드의 국가지주회사 체제가 한국의 상황에 더 적합할 것으로 본다. 특히 주식시장 상장 공기업의 경우 글로벌 경쟁으로 나아가야 하는 숙명을 가진 경우가 많으므로, 공운위를 통한 관료적 통제보다는 국가투자 관점에서 해당 분야 전문가가 산업적·재무적 통제를 하는 방안을 제안한다.

이와 동시에 공공기관이 보유한 국가경영 차원의 전략적 가치를 최대한 활용하기 위해서는 전략적 공공부문 관리체계를 구축·운영할 필요가 있다. 공공기관을 전략적으로 관리해야 한다는 주장은 일찍부터 제기되었으며, 이런 관점에서 전략적 공공관리SPM: Strategic Public Management의 필요성을 강조한 연구 흐름도 나타났다. 그러나 지금까지 논의되어온 전략적 공공관리는 주로 개별 기관 입장에서 강조하는 것이지, 공공기관 전체를 아우르는 지배구조 차원에서 강조하는 것이 아니었다. 공공기관을 포함한 공공부문의 효과적인 관리 여부에 따라 국가 차원의 경제사회적 성과가 많은 영향을 받을 수밖에 없는 한국의 현실에서는 공공기관 전체를 아우르는 공공부문에서의 전략적 관리가 중요하다.

필자가 주장하는 전략적 공공부문관리SPSM: Strategic Public Sector Management는 기존에 논의되던 전략적 공공관리SPM와 몇 가지 점에서 차이가 있다.

첫째, SPM이 미시적 차원의 전략을 강조한다면, SPSM은 거시적 차원의 전략을 강조한다. 둘째, SPM이 기관단위의 거버넌스 설계 및 혁신에 초점을 두고 주로 성과향상을 위한 조직 및 관리 혁신전략에 중점을 둔다면, SPSM은 공공부문 전반을 대상으로 한 국가차원의 거버넌스 설계 및 개혁에 초점을 두고 주로 공공기관 조직형태 전환전략, 운영방식 혁신 등에 중점을 둔다. 셋째, 추구 목표 측면에서 SPM이 기관·정책차원

전략적 공공관리(SPM)와 전략적 공공부문관리(SPSM) 비교

구분	전략적 공공관리 (SPM)	전략적 공공부문관리 (SPSM)
분석 수준	• 정부조직 및 공공기관 단위 • 조직 단위	• 공공조직을 포함한 공공 부문 • 산업 및 생태계 단위
연구주제	• 기관 단위 거버넌스 설계 및 혁신 • 성과 향상을 위한 조직 및 관리 혁신전략	• 공공부문 전반을 대상으로 한 거버넌스 설계 및 개혁 • 공공기관 조직형태 전환 전략 및 운영방식 혁신
추구 성과 및 지표	• 기관·정책차원 목표(예: 공익성, 효율성, 투명성 등) 달성	• 국가차원 전략적 목표(예: 경제발전 기여도, 재정 건전성 등) 달성

목표(예를 들면 공익성, 효율성, 투명성 등) 달성에 주안점을 두는 반면, SPSM은 국가차원의 전략적 목표(예를 들면 경제발전 기여도, 국가 경쟁력 강화, 재정건전성 개선 등) 달성을 우선적으로 강조한다. SPSM을 적용하기 위해서는 유사한 성격과 업의 특성을 지닌 단위, 즉 부문sector 단위로 나누고, 이에 대해 전략적 성과관리체계로 관리하는 것이 필요하다.

SPSM이 제대로 작동하기 위해서는 개별기관 단위의 성과관리를 넘어선 부문단위의 전략적 성과관리체계를 구축·운영해야 한다. 현재와 같이 경영평가라는 경직된 틀에 맞추어 성과를 평가하고, 그 상대적 평가결과에 따라 인센티브 보상을 몰아주는 방식은 제대로 된 성과관리라 할 수 없다.

성과관리의 출발점은 올바른 목표의 설정이다. 현재는 올바른 목표설정에 큰 관심 없이, 년 단위 실적이라는 결과물에만 매몰되는 관리방식의 한계를 보이고 있다. 이를 위해 목표설정 단계부터 부처가 참여하는 부문별 전략목표와 개별 기관의 전략목표가 만나는 체계를 만들어야 한다. 기재부 또는 공운위의 역할은 기존 관리자 역할에서 일종의 플랫폼 조성자 역할로 변해야 한다.

2020년을 목전에 두고 있는 현재는 기존 공운법체제의 문제점을 부분적으로 개선할 때인지, 아니면 2030년 이후의 더 먼 장래를 내다보고 공공기관 관리체계를 근본적으로 재설계할 때인지 고민해야 할 시점으로 보인다. 필자는 당연히 후자의 관점에서 공공부문 거버넌스의 근본적 변화, 즉 변혁transformation 방안을 모색하는 것이 필요하다고 본다.

공공기관에 날개를 달자

초판 1쇄 인쇄 2020년 1월 7일
초판 1쇄 발행 2020년 1월 10일

지 은 이 김용진
발 행 인 김종립
발 행 처 KMAC
편 집 장 김종운
책임편집 최주한
홍보·마케팅 김선정, 박예진, 이동언
디 자 인 이든디자인
출판등록 1991년 10월 15일 제1991-000016호
주   소 서울 영등포구 여의공원로 101, 8층
문의전화 02-3786-0752 **팩스** 02-3786-0107
홈페이지 http://kmacbook.kmac.co.kr

ⓒKMAC, 2020
ISBN 978-89-90701-30-5 93320

값 15,000원
잘못된 책은 바꾸어 드립니다.

이 도서의 국립중앙도서관 출판예정도서목록(CIP)은 서지정보유통지원시스템 홈페이지(http://seoji.nl.go.kr)와
국가자료공동목록시스템(http://www.nl.go.kr/kolisnet)에서 이용하실 수 있습니다.(CIP제어번호:CIP2020000484)